DISCLAIMER

The author and publisher are providing this book and its contents on an "as is" basis and make no representations or warranties of any kind with respect to this book or its contents. The author and publisher disclaim all such representations and warranties, including but not limited to warranties of merchantability. In addition, the author and publisher do not represent or warrant that the information accessible via this book is accurate, complete, or current.

Except as specifically stated in this book, neither the author nor publisher, nor any authors, contributors, or other representatives will be liable for damages arising out of or in connection with the use of this book. This is a comprehensive limitation of liability that applies to all damages of any kind, including (without limitation) compensatory; direct, indirect, or consequential damages; loss of data, income, or profit; loss of or damage to property; and claims of third parties.

Copyright © 2022 LINGUAS CLASSICS

BESTACTIVITYBOOKS.COM

All rights reserved. No part of this book may be reproduced or used in any manner without the written permission of the copyright owner except for the use of quotations in a book review.

FIRST EDITION - Published 2022

Extra Graphic Material From: www.freepik.com
Thanks to: alekksall, Starline, Pch.vector, Rawpixel.com, Vectorpocket, Dgim-studio, Upklyak, Macrovector, Stockgiu, Pikisuperstar & Freepik.com Designers

This Book Comes With Free Bonus Puzzles
Available Here:

BestActivityBooks.com/WSBONUS20

5 TIPS TO START!

1) HOW TO SOLVE

The Puzzles are in a Classic Format:

- Words are hidden without breaks (no spaces, dashes, ...)
- Orientation: Forward & Backward, Up & Down or in Diagonal (can be in both directions)
- Words can overlap or cross each other

2) ACTIVE LEARNING

To encourage learning actively, a space is provided next to each word to write down the translation. The **DICTIONARY** allows you to verify and expand your knowledge. You can look up and write down each translation, find the words in the Puzzle then add them to your vocabulary!

3) TAG YOUR WORDS

Have you tried using a tag system? For example, you could mark the words which have been difficult to find with a cross, the ones you loved with a star, new words with a triangle, rare words with a diamond and so on...

4) ORGANIZE YOUR LEARNING

We also offer a convenient **NOTEBOOK** at the end of this edition. Whether on vacation, travelling or at home, you can easily organize your new knowledge without needing a second notebook!

5) FINISHED?

Go to the bonus section: **MONSTER CHALLENGE** to find a free game offered at the end of this edition!

Want more fun and learning activities? It's **Fast and Simple!**
An entire Game Book Collection just **one click away!**

Find your next challenge at:

BestActivityBooks.com/MyNextWordSearch

Ready, Set... Go!

Did you know there are around 7,000 different languages in the world? Words are precious.

We love languages and have been working hard to make the highest quality books for you. Our ingredients?

A selection of indispensable learning themes, three big slices of fun, then we add a spoonful of difficult words and a pinch of rare ones. We serve them up with care and a maximum of delight so you can solve the best word games and have fun learning!

Your feedback is essential. You can be an active participant in the success of this book by leaving us a review. Tell us what you liked most in this edition!

Here is a short link which will take you to your order page.

BestBooksActivity.com/Review50

Thanks for your help and enjoy the Game!

Linguas Classics Team

1 - Antiques

```
G Z F S P K O Q Q Q X O L G F W
E À Y L O L W R N F J W Q V Ì J
L R R L N I S I E N R I À S O N
E F W R C N I A L A E P N C R F
G D W I A N O C H A B U W U Q A
A F F W I D A A D S Z T I L Q Z
N M C D X I H Y I S I A F P O R
T E J H B R D W O I Z S C T P B
D E I C H E A D T S O G Z U V X
Y Q Y A C O I N S R M A L R M V
T P J E J E W E L R Y D P E C N
X G T L K B I Y O K P H P X V V
T F Q I S A N F R A N C I S C O
M W I À I D X C X S G A V L Y A
Q S Y C R B O J O X D U O E D R
B E I S P H S E P Y H L F P Q N
```

EALAIN
ROP
FÌOR
LINN
COIN
DEICHEAD
SAN FRANCISCO
ELEGANT
ÀIRNEIS
GÀRRADH
TASGADH
NÌ
JEWELRY
A DH'AOIS
PRIS
CÀILEACHD
III
SCULPTURE
STOIDHLE
LUACH

2 - Food #1

```
B B Z Q J X S T H I I M N O Q C
M A L O N U Z A S O E D D R K U
P S I L L C X T T O C I R P A R
A T R N D S R P E U R A N L R R
E R W O N L E M O N J S N T S A
U A Q M O E C Q I C Y A A O A N
Q W R A I C I H O N H I E F L R
V B U N N B U G O D R L L U A I
S E I N O X J H F S W S I V N E
I R O I T U R N I P Ù D U S N U
Ù R M C M Y A H J G N I B L A U
C Y C N P K C W D T Y E L R A B
A K T Z U F K D K A E I X A D G
I C U P E A N U T Z H E K Y H N
R Q N J M U R V G T F C G I X N
Q G A F O N M V S T J I O N B D
```

APRICOT
BARLEY
BASIL
CURRAN
CINNAMON
JUICE
LEMON
BAINNE
ONION
PEANUT
PEURAN
BUILEANN
SALANN
SÙIL
SLIASAID
STRAWBERRY
SIÙCAIR
TOFU
TUNA
TURNIP

3 - Measurements

```
Q O D Z V H S M K V Y E V B G B
H F F W D M X L H L A A O D T K
C S U P Z F S P S H R X H E I G
A E G A D N S K F D V J L C B Z
E D U A R J T Y M T B Q E I A K
L R U M M I O N A I D E U M I I
R I X A E X I M B D N A D A D L
I À O R I T I L V O B Y N L H O
Ò J X G F D E Q W Z H Q B O T M
Z F A I D H A B K S A X O V I E
B H S U Z I H A Q H N W T W S T
Y W G O I Q T Z E D T N A H K E
M H E A T A I R W C O C T R H R
C Q K D K F H G I U N R U J N T
T O M A D X B W B Z E U Y W A T
U K T O O L A S M A R G O L I K
```

BAIDHT
IONAD
DECIMAL
CEUM
A BHITH A
GRAM
ÀIRDE
ÒIRLEACH
KILOGRAM
KILOMETER
FAID
LITIR
TOMAD
MHEATAIR
MIONAID
OUNCE
TON
URNUIGH
LEUD

4 - Farm #2

```
C M Y N R B F X W Y C B S R L V
J H B U O W C T D W F A P A T C
R Y R Y D F M O F F T R A B M B
A W W U F A R M E R Y L N G N C
B B I N I Q F G N H E E T A J J
X I N V A T L I T I R Y S E H H
W A D X T N H C I A R S A L G D
C Q M P R V E N N I A B B L T A
O X I O A H X Q E J U N H I K H
I I L A C E M U S A C Y A U M C
R P L Q T G D B Z Z C G I D S A
C D U K A L L A M A J H L B U E
E D U E R U Z G G F W O D A E M
I R R I G A T I O N M E A S A N
T U N N A G O R C H A R D G R I
G E Ò I D H G U Y W F Y Z Z A
```

AINMEACHADH
BARLEY
AN T-SABHAIL
COIRCE
TUNNAG
FARMER
BIA
MEASAN
GEÒIDH
IRRIGATION

LITIR
LLAMA
MEADOW
BAINNE
ORCHARD
DUILLEAG
TRACTAR
GLASRAICH
CHRUITHNEACHD
WINDMILL

5 - Books

```
A Y R C O T H E A C S A L N I E
Y I M E V I T N E V N I W O E A
T W Y I A Ù G H D A R K G B K C
B R V B I D P U S U N E E H H H
O D A A V Z E L U X M J D A D D
A H H I U I Y R H P J X H I A R
G Z C U G D A P Y M S P C L H A
J L N H U H S T È I D H A Q C I
W Z M E U C I Y Z R U H L G A D
N Y T I L A U D A Y V W U G E H
L I T I R N V O E K D N E F N P
O T G H O À F P V A K C G F N T
B Q E A P D E Z O R C H S F I E
C R D B À R D A C H D H L F U J
C S D À N D A O N N A H F H R N
G R D A I O M C H A I D H E C Z
```

DÀNACHD
ÙGHDAR
CRUINNEACHADH
CO-THEACSA
DUALITY
GU
EACHDRAIDH
DAONNA
INVENTIVE
LITIR

STÈIDH
NOBHAIL
PAGE
DÀN
BÀRDACHD
READER
IOMCHAIDH
SGEULACHD
TRAIGHIDEACH

6 - Meditation

```
B I V R P K H V M Y A T S S C E
P R I A H C H M À S W H E O Q R
N U E C A E P I F S A O A I Z N
Q T D A S A U L G E K U L L B C
R A I G T O X Ò R N E G L L Z Q
M N R W S H K E D D I H A E S V
O N Z M J U A C Y N Y T D I S R
O L Z I G G L D F I I S H R B J
T S N N I Ù I C H K N I Y E Z T
H X Y D A I R E I G S A G A E T
A C H D A N M Q O O W L B C T L
T F Z D O J T C S F M Z V H G M
E M O T I O N S H X O R O D T J
Q R M V C O H F M Ù L H A U N G
J R Y D W W L G U K I S J D O D
G I G Q M A N H X V F S R J H X
```

ACHDAN
AIRE
AWAKE
BREATHADH
CIÙIN
SOILLEIREACHD
IOMRADH
EMOTIONS
CHÙIS
KINDNESS

MIND
GLUASAD
CEÒL
NATUR
PEACE
SEALLADH
SÀMHCHAIR
TEAGASG
THOUGHTS

7 - Days and Months

```
R A D P O V V N R T N L T V V Q
I D N I N I O A D R A I D N E D
A C N L M D O D M À X F S Y H I
H Y E L Ù À Z K L M N B N O L D
M T V T U N I C V M V R O U Ì Ò
À X C X I N A R R A E G N A D M
D I L U A I N S T X J A A S I H
N Q S B U I X E T N Y N N E C N
A N T I U C H A R A P T T A I A
O D E X H N Z B I A L S S C A I
D I H A O I N E X K O U A H D C
M Ì O S A C H A N O H L M D A H
D I S A T H A I R N E T H A I B
A N T Ò G M H I O S M A A I N L
B L I A D H N A N Y D I I N U J
A G H I B L E A N U L N N R C X
```

A 'GHIBLEAN
AN LÙNASTAL
MÌOSACHAN
AN GEARRAN
DIHAOINE
AN T-IUCHAR
AN T-ÒGMHIOS
AM MÀRT
DILUAIN
MÌOS

AN T-SAMHAIN
AN DÀMHAIR
DISATHAIRNE
AN T-SULTAIN
DIDÒMHNAICH
DIARDAOIN
DIMÀIRT
DICIADAIN
SEACHDAIN
BLIADHNA

8 - Energy

```
T P Q K T S L N D V U L G U T C
D U I S G M W I E W R E A V R O
R I R S M M G U A U N G S U U N
N E E B J J Y C L A U P O G A N
A E W S A M G L A Y I F L H I A
E X B G E I N A N O G Y I O L D
S M Ù I D L N S Q O H P N N L H
N N I A R À G A C E B O E O E H
N O D T L X Z C O L B R U R A Y
I T D S C L E H A J D T A T D D
E O S A H C A H M O Ì N G C H R
N H S L K O D U H T R E P E C O
R P Y P T A M K A E L X F L T G
H O A L I N P T K A P U G E M E
C O W D R E Y I J S U K Y L H N
Z G E O W C H D G M T B I V S E
```

PLASTAIG
CARBON
DIESEL
DEALAN
ELECTRON
EINNSEAN
ENTROPY
ÀRAINN
CONNADH
GASOLINE

TEAS
HYDROGEN
GNÌOMHACHAS
CO
NIUCLASACH
PHOTON
TRUAILLEADH
SMÙID
TURBAIN
URNUIGH

9 - Archeology

```
E L Y N M R E S T D Z U N X B V
L I A X O Y K P P A T J P U Y W
M L A B K V S M S N V R A S T W
B I B F K F Z T J W S I G V E L
L S O O E V J C E H C I A L Ò E
I S I N E T T O G R O F R T O X
A O G A S N Q R H L Y F A E F H
D F S H H G M C C F T T N M U K
H U N M J C R R R B H H N P R F
N N Z À Z E U Ù U W R U S L N H
A M J N P P G S D D D K A E U V
M G X C I L E R O A A R C U I T
D E S C E N D A N T D N H A G N
M E A S A D H M O E I H A I H B
F U I G H I L L C F L U D G N X
C I V I L I S A T I O N H H V P
```

MION-SGRÙDADH
CNÀMHAN
CIVILISATION
DESCENDANT
MEASADH
EÒLAICHE
FORGOTTEN
FOSSIL
FUIGHILL

MYSTERY
RUDAN
RELIC
RANNSACHADH
SGIOBA
TEMPLE
UAIGH
URNUIGH
BLIADHNA

10 - Food #2

```
K H D Z Q E C C N I F P X R T U
Q Q J E T W H H Y Y X X W T H Q
C E L E R Y E O G M A H W A F T
D C L C J C R C H U R G E Q Z X
K I F H O D R O B S E A G A Q L
F R Q R P T Y L R H C K G P V B
B V P U Y N B A O R E B P P F A
E U Y I J F K T C O A P L L G B
Y A J T W A M E C O R R A E K A
F M C H X I B F O M C O N R K N
O E N N V B K D L M P H T A G A
C C H E K O H C I T R A R M S N
À O T A M O T O I C O L U O A A
I N G C U Y D E P F G N G F I C
S Q U H B M F O Z E P N O V K C
E S C D I S Z C I O M J Y C Z R
```

APPLE
ARTICHOKE
BANANA
BROCCOLI
CELERY
CÀISE
CHERRY
CEARC
CHOCOLATE
UGH
EGGPLANT
IASG
GRAPE
HAM
KIWI
MUSHROOM
RICE
TOMATO
CHRUITHNEACHD
YOGURT

11 - Chemistry

```
H H J A N W O U A V P V S F T T
E Y L B C M X R L F Y E A C H O
N L D A I J Y N K S N S L Q Y X
I K E R M G G U A W R Y A X R W
R J M C O Y E I L M N D N E R Z
O G Y Z T G N G I K D H N U J T
L D Z D A R E H N O I C R Y H T
H R N Y K R O N E J U A A O P L
C Z E R H U X N M T Q H X R Z Z
H C A R B O N Z A O I T F Y K H
C A T A L Y S T Z A L Ò D P A G
G A S A E T K I A Q A E R R C D
R N I U C L A S A C H T C U I A
T Y O P C E Q B J G Q Q J U D P
A X Z F H D J Z P Y W G V K L B
O R G A N I C Q N I F F I W H E
```

ACID
ALKALINE
ATOMIC
CARBON
CATALYST
CHLORINE
ELECTRON
ENZYME
GAS
TEAS

HYDROGEN
ION
LIQUID
MOLECULE
NIUCLASACH
ORGANIC
OXYGEN
SALANN
TEÒTHACHD
URNUIGH

12 - Music

```
K F G U T Q S Y J R À L C X T N
T O Z L E X U Z Y G H J Q E R E
Y N G Q L Y R I C A L Y R X B A
P N K J T E O A S I O W T S O C
L Y M F B H H R N J T A H H I H
C L A S S I C A L T D E S Y M C
H A M C B Z X R C U I H O S P I
A C I Ù I L T E M Z E N Q P U Ù
R O V U J F D P B M C Y N B V I
M V I M C M N O L J L O M E N L
O R H Y T H M I C L E T F E A A
N Z B A L L A D Y K C J W P G L
Y R P P F B U V P Q T D Q W I X
M I C R O P H O N E I S I N G F
H A R M O N I C E U C S Y Z G B
S E I N N E A D A I R K S C V B
```

CLÀR	MICROPHONE
BALLAD	CIÙIL
CHORUS	NEACH-CIÙIL
CLASSICAL	OPERA
ECLECTIC	POETIC
HARMONIC	RHYTHM
HARMONY	RHYTHMIC
AN T-INNEAL	SING
LYRICAL	SEINNEADAIR
FONN	VOCAL

13 - Family

```
P A T E R N A L N N A L C J S N
H Z V N U A H D Z H T N U A E E
E T Z H A E G D A L H F R E A P
U P C M I B O U H J A A N M N H
V S I I R E T I E G I Ò H A A E
N A W U Z R N N W Y R S T T I W
T Z X C T G A E C Z F L G E R X
Z X D X Q H R H W O P N L R O N
T I F E A T A A R S O W N N T Y
N I G H E A N R N Z L G J A S R
M À T H A I R E W D K P H L E V
I D R D Y C V H P N C X Q A C N
X V M B D L U T U E D H W U N D
C C P W F I H O Q U F P I H A A
W L D O X H W R C W J X B L L X
W G Z E R T Q B T C K R W I D U
```

ANCESTOR
AUNT
BROTHER
CLANN
A H-ÒIGE,
CO-OGHA
NIGHEAN
ATHAIR
GRANDCHILD
SEANAIR

AN T-OGHA,
DUINE
MATERNAL
MÀTHAIR
NEPHEW
CUIMHNE
PATERNAL
PIUTHAR
UAIR
BEAN

14 - Farm #1

```
U I S G E F V P U H E A W Q D S
T C C N Z E W W O C E W C G Q M
G V A K L R M F A O A S O U G W
E P T C G T S X S W W O B Y W R
A N Q Ù R I V W X C C W V L E B
C B L T I L R S L N G X P C F W
H J E X C I U N H A Y E K N O D
D G Y Z E S Q M G M S C C Z M H
A S O I Z E U X S L A N R U Y B
H G D A O R P H G D H O A O Q M
C M C V L J S P R H C S E E W I
A H B P O B B K Q T A I C R F L
S E O A Ì L G S B E E B X D H R
E P D G S F U D P G T S B P P G
H N X K I P Q Q H T I W M N T Z
T S K K Z A A C Y V À G M P C Z
```

ÀITEACHAS
BEE
BISON
LAOGH
CAT
CEARC
COW
CROW
CÙ
DONKEY

FEANSA
FERTILISER
ACHADH
SEO
HAY
MIL
EACH
RICE
SÌOL
UISGE

15 - Camping

```
C P D F E M T T U F L L U W H D
A I À F K O X B G R Y Z J L A M
I Y N E G O O X I L V W M W M O
R B A J O N A H B O A R C G M I
A F C G W Z K B A I D T V L O R
M A H H D A H C A E M N I A C E
H U D L A R U T A N E L I E K B
A L M V Q T N E T N A D V S L P
P Ò R Q S M E C Y T O N A F A R
A H D A R M O I A X C E B J K M
O W H Z Ò X G U N B T C Y V E Z
I I T G P F I F J E I R N J F K
M T N D S F O R E S T N M L G O
D F D N M H T M N Q O W W E Y W
X M F X C V J Q T M F X S O Z U
D R A Z O C I E J T X N B T T E
```

DÀNACHD
AINMEACHADH
CABIN
CANOE
IOMRADH
TEINE
FOREST
SPÒRS
HAMMOCK
AD

SEALG
DH'
LAKE
AIR A ' MHAPA
MOON
MOIRE
NATUR
RÒP
TENT
CRAOBHAN

16 - Algebra

```
T D F R M P F A L S E F B X Y B
D U T U U H A B A R A N T A S E
X I R T A M T R I A G A E R F A
E L K B X X B N E H W J A O J S
R G C Z T E M U T N J L M T E P
B H M A E R I À I X T A Y C C O
E E F A M N E O N H S H S A B N
H A R A R R C G I D R B E F T A
U D A O E G T E F X Q A Y S S N
R A C B H C A E N H D I O L I T
N S T G R A F I I Q Y D A C A S
U U I L Z R D X D X N Z Y M G B
I N O E N G Y M A M U X I L T L
G W N D P Y W J R O E L O M B D
H P M Q G W W H J W P U N M I D
V C U M S I M P L I D H D E D F
```

DIAGRAM
URNUIGH
EASPONANT
FACTOR
FALSE
DIABHAL
FRACTION
GRAF
INFINITE
LOIDHNEACH

MATRIX
ÀIREAMH
PARENTHESIS
DUILGHEADAS
MEUD
CUM SIMPLIDH
FREAGAIRT
BARANTAS
NEONI

17 - Numbers

```
E S J F G C S H D E C I M A L X
Q E X K T R Ì D E U G D E W T S
N A G U E D I T R Q H D E E I G
O C C Ò I G Z H C S G X Y I G X
A H F E J A W F Y I S I A Q C D
H D C A I P U K M X T M C A D H
C C S Ì Z G C G E T O C H D H Z
U A Z R C M H P Y E B Q K P À Y
C E I T H I R T J E I T Q P D D
G U E D I O A N E N J A V S H A
F I C H E A D H R E Z F N Z E O
A E H G Q N D A G C N W Q W U A
S E A C H D D E U G P E J D G S
F H M G C E I T H I R D E U G L
O M F G X I M K Y Q C X B W M Q
E K I M L A J L V M I N O W B P
```

DECIMAL
OCHD
EIGHTEEN
DEUG AN
CÒIG
CEITHIR
CEITHIR-DEUG
NAOI
NAOI-DEUG
AON
SEACHD
SEACHD-DEUG
SIA
SIXTEEN
DEICH
TRÌ-DEUG
TRÌ
DHÀ-DHEUG
FICHEAD
DÀ

18 - Spices

```
F E N U G R E E K J P M G C L R
O S L M O O H Y O V V R N R I Z
C Y C V I V J T O Z Y T A E C E
H J Z Q R A Y P A P R I K A O O
C M K K P L Q Q Q O E V O W R N
H O S D G F C M P R G A B V I I
L M R U C I D N D P N C I A C O
F A E I J E R S K S I U T N E N
O D N L A N U T M E G M T I V I
S R B X N N A L A S C I E L Q V
I A S N V N D E A I U N R L T O
V C F W D E K E M N R J B A T Y
X Y N F E X Q V R A R Q U R K U
S B Y G R E X O C N Y V C I T G
Q M U N V O T L C I N N A M O N
F E N N E L N C N K M G G S F U
```

ANISE
BITTER
CARDAMOM
CINNAMON
CLOVE
CORIANDER
CUMIN
CURRY
FENNEL
FENUGREEK

FLAVOR
GINGER
LICORICE
NUTMEG
ONION
PAPRIKA
SAFFRON
SALANN
SWEET
VANILLA

19 - Universe

```
C D E F N G Y V E N W U C M R H
M C Q N Y M O N O R T S A A E E
K A V N M O C O S M I C I S U M
M V S I A O W U W S C Y D T L I
Z H R A O N I E S Z J T O E C S
Q U W T B K D O H K Z P Z R H P
D U E L N A H M O D Y A Y O U H
M T E L I A H B D R À N A I A E
P A C A L T S E R V I A O D I R
Y R I E G Q E Z O A B L P G R E
E I T H E P F B Q N T A D A T W
O H S S E N K R A D E N O L Z C
N S L A S T R O N O M E R A H T
M Y O C E L E S T I A L J X G D
P D S R B B B B H X G F L Z Y F C
B K Y B E Q J E F J Y E Q K K X
```

ASTEROID
ASTRONOMER
ASTRONOMY
AN ÀRD-BHAILE
CELESTIAL
COSMIC
DARKNESS
EON
GALAXY
HEMISPHERE
MA
DOMHAN-LEUD
MOON
REUL-CHUAIRT
SKY
PANALAN
SOLSTICE
LE
A SHEALLTAINN
ZODIAC

20 - Mammals

```
D J Q L X B N W X J M M C R Z M
K G P T S E X E X Z V J O W E O
B V I C T A L L I R O G Y S B N
P S D W N R V M Y E D Z O V R K
K A N G A R O O H V X Q T L A E
P Z B C H C A E M A N M E I C Y
F V X P P K J M H E R I C O E B
O W K J E E W T I B B A R N U U
X U O C L W O A Y X Q J D C D L
A G Q L E I W C U J U R A R U L
C G H U F G H D T P V W R A I Z
Q D E O M A W W J K X U H C L E
I F D T Y H R U O K Y M B T L M
C A P M V K J O R V M S P O E L
Q N C C M H S N I H P L O D A D
K G S Ù F Z E N T S H P Y S G U
```

BEAR
BEAVER
BULL
CAT
COYOTE
CÙ
DOLPHIN
ELEPHANT
FOX
SIORAF

GORILLA
EACH
KANGAROO
LION
MONKEY
RABBIT
DUILLEAG
- MHARA
WOLF
ZEBRA

21 - Bees

```
T L V S Z T E L Y R F F M W X D
R H I V E T C B I E L E I A F L
U C W T P A O X I N O A L X D E
A T N R D B S W D A W R P O S A
I K I O C H Y Q X E E C L S O S
L V R J N A S U L N R I E M U N
L O P G H N T Q Z N S U F O V A
E O I M S R E Z U I G I P S B S
A B K G Y I M I D A I L E S Z J
D T P I B G R R F R D I D O M S
H V W L H H D Q A À G P U L N T
Q C Z Z L I F S I W V A H B N W
P O L L I N A T O R S L R J S P
M V J K L J V G J Z B W N D P J
L L O P F D T G E E Q K C E E J
V E S M E A S A N T L X K E J N
```

FEAR-CIUIL
BLOSSOM
DLEASNAS
ECOSYSTEM
FLOWERS
BIA
MEASAN
GARDEN
ÀRAINNEAN
HIVE

MIL
DH'
LUSAN
TRUAILLEADH
POLLINATOR
A' BHANRIGH
SMO
DIDO
SWARM
WAX

22 - Job Skills

```
R U L L A C H A D H Z E M J Q A
I H K E V H F D A C J I E B Q Z
A S C A D G C E A N N A R D A S
G M O E V I T A R E P O O C M C
H K O C T U T Y P O V K H J S H
L D H B Q N N I T P Q V C Z S A
A C F Ì O R P G Q F U F A Z O R
D A O C N U Z G V G R A D W R I
H T W N M O D H A I L G H E G S
Z T L I A H C A H T U R C E A M
S E D U E L B A T P A D A O N A
T N C K V B T S P T F X E O I T
S T Z F H C A R G A E R F Z S I
M I Z J U B Y K A O S D I X E C
R V I Y C C Q V N D W U È C D J
N E F R I E N D L Y H H G V P Y
```

ADAPTABLE
ATTENTIVE
FÌOR
CHARISMATIC
CONALTRADH
COOPERATIVE
CRUTHACHAIL
DH'
ÈIFEACHDACH

FRIENDLY
URNUIGH
CEANNARDAS
RIAGHLADH
ORGANISED
ULLACHADH
MODHAIL
FREAGRACH

23 - Photography

```
I A F M E E G L K U H N W A N R
V Z J Y Z B M K X K L V W G T Y
D A T H I H S C U N N A R T Q R
T X H N J X H D A H C A E N Ì M
U A G N N M A È R F J M W P S D
F R I I L H D A R H M O C Q E A
T A U S Y P O N Ì S O L A S A R
I M N R B B W T D E A L B H L K
U A R I L E S W E J L I N F L N
L C U È U S A L J X G E K O A E
A D S L N W Q N D P T V D I D S
D H U S N E A A A H H U D R H S
Y P E B I Y G H F D X Z R M S J
T N B X H G M H O S H I M E K U
Y P Q Q G C T F D R H L Y Y H U
U O L A H K F L P G W Q V E H C
```

DUBH
CAMARA
DATH
COMHRADH
CUNNART
DARKNESS
MÌNEACHADH
TAISBEANADH
FOIRM

FRÈAM
SOLAS
NÌ
SEALLADH
DEALBH
SHADOWS
URNUIGH
TEXTURE
LÈIRSINN

24 - Sports

```
V B J N U A B H V L I G K R Q P
F T Y T E T A D W B V E Y R E C
R K Y H P H S L H D I A C O H E
B I D A C L E B M E B M D W H T
U G A T M E B C M T I A G U J E
D H W H M T A H G A Z R K Q P A
Z M B A T E L A Y G R E E J J N
J L Z R Q O L M M H J Y D A H A
R È I T E A R P N A N A C B D S
C O I D S E A I A I I L G O V H
G L U A S A D O S D Y P O I P J
F N X O E H I N T H R V I G D W
H Y U C Q J J S I I T B L S O P
F R K Y H Y Z H C J X T F H S U
U J V K N M U I S A N M Y G T J
U C Q K V C S P B W H G O M D M
```

ATHLETE
BASEBALL
THATHAR
ROTHAIR
CHAMPIONSHIP
COIDSE
GEAMA
GOILF
GYMNASIUM
GYMNASTICS
HOCAIDH
GLUASAD
PLAYER
RÈITEAR
DHEIREADH
SGIOBA
TEANAS
TAGHAIDH

25 - Weather

```
T R O P A I G E A C H J N S J X
I H S K Y A Y E N L D T U I L P
T E Ò T H A C H D L I M E O V J
U V F Z G J C Q P O O G J R B Q
W U A T I Y B I D E A Z B F M S
H W E S U Y F M Ù B L G I A S Y
G B Y E N U L I W I J R M H E J
Z D Y X R Y A S F B N O L G W E
U W Y Q U D U O L C I N N O I A
D E I G H R R À E G M D T B M O
T E H M Q O U C M P R Q R O F Z
P Q A E C U T S K N O O S N O M
R E B A J G Q T K N T L F Q L F
M A R B H H H O E H S P A B R W
V T G Ì H T O A H G M O I R H H
K P N D T A N À R D B H A I L E
```

AN ÀRD-BHAILE
CIÙIN
TÌRE
CLOUD
GEÀRR
DROUGHT
TUIL
MILD
MARBH
DEIGH
LAOIDH
MONSOON
POLAR
BOGHA-FROIS
SKY
STORM
TEÒTHACHD
IOMGHAOTH
TROPAIGEACH
URNUIGH

26 - Adventure

```
D N A I G H E A C H D E C M B L
D L J L E F À L I D A Q N R Y X
Ù N E G P U I K O A C B Z U F P
B A H A U T L S D E A L A S R K
H T D B S I L C A R A I D E A N
A U I A B N E F W E D B D Q X C
L R U E S O A K I F L P L Q I F
A B N G E I O S T K S C I O R I
N C N U J S N N I E M D M U J S
H O A B H R Q R N K L C C F T J
J T E Q V U L C E L Y W C W G A
L H H G U C B O R Q X H O O S E
Ù R C J Y X H C A T R A N N U C
R O B M O E G H R O R Z Q C K N
P M A P S Y J L Y S I W S W X J
U L L A C H A D H G K L Z R B B
```

CLEAS
ÀILLE
DÙBHALAN
COTHROM
CUNNARTACH
CHEANN-UIDHE
DLEASNAS
DEALAS

EXCURSION
CARAIDEAN
ITINERARY
JOY
NATUR
NAIGHEACHD
ÙR
ULLACHADH

27 - Sport

```
K T D E E R T T O S D S O J M C
N E G A G O N Q K J C L A K A O
D A O K N C J R Q U I À H A X M
K R Y D I N U X H L C I R L I H
B F R Y G H S S Y B U N T G M R
M E B E G X Q A W E T T N Z I A
A U A H O Z S M G S Q E J E S D
R Z S T J T A A T H L E T E E H
G T R C H R M E T A B O L I C J
Ò E Ò T L A O C O I D S E E K J
R L P X P E C D A I T H E A D D
P K S K B N S H C N À M H A N C
U Z U B G Z R C A K A Z P U G N
O I Z P Q Z Y O F D V R N W W L
X I W S X Z V I I D H B N Q H H
J W X W R N I R V B R F T P L W
```

COMAS
ATHLETE
COMHRADH
CNÀMHAN
COIDSE
RIOCHD
DANNSA
DAITHEAD
AMAS

SLÀINTE
JOGGING
MAXIMISE
METABOLIC
MUSCLES
BEATHACHADH
PRÒGRAM
SPÒRS
NEART

28 - Restaurant #2

```
D Y W G N Ò L H E P U F Q Y S T
L S A V P C A P H H O A M Y D S
Y R U P T A O N O O D L E S U Ù
D E I G H T I A H R A G B S N I
B T Z W B H D S M G N H H S A L
F I D M I R H A M U D L Y K E L
Y A S V V A E E I F Ì A C U H Z
S W C H G I A M A I N S W È G H
I P X M W C N T S H N R G U I J
Y L O Y C H N D G D E A O I U C
B J G O V E A G E C A I B S N A
K K M F N D E V A O R C H G A O
B L A S T A L W C W C H A E P H
V I S H Q O I F D T I H L X K A
S A L A N N U Y P S Z N W Y T X
K K K X M Z B D A Y A C S L A T
```

DEOCH
CÈIC
CATHRAICHE
BLASTA
AN DÌNNEAR
UIGHEAN
IASG
GOBHAL
MEASAN
DEIGH

LÒN
NOODLES
BUILEANN
SALANN
SÙIL
LAOIDHEAN
SPOON
GHLASRAICH
WAITER
UISGE

29 - Geology

```
G C Z L K G I C H M M C S A N
C A C Z M R E L M È I R X T ' H
R R Z I R Z P W E I T Y S A L U
L A O J U H I U V N M S A L E T
K I E M A O M Z À N Z T L A A P
G D Y C C C Z P R I I A A C N S
D M M K Z O I E D R N L N T T T
C A L C I U M D C E E S N I A A
B V Q G V G L T H A T S I T I L
H S A Y D G J A L N L Q Y E N A
Q U A R T Z O U À G O J F E N G
L F U P C L S B R P M I P B G M
F H B F H D I O A L A R O C J I
F O S S I L M T M A X H U X F T
N A T P L F R Z N V N P W W S E
C A V E R N D O N A C L O V C S
```

ACID
CALCIUM
CAVERN
A 'LEANTAINN
CORAL
CRYSTALS
FOSSIL
GEYSER
LAVA
LAOIDH
MÈINNIREAN
MOLTEN
ÀRD-CHLÀR A'
QUARTZ
SALANN
STALACTITE
STALAGMITES
CARAID
TILT
VOLCANO

30 - House

```
N P B G A R A G E S E N S H L G
I N N A E H C I A R H C U I E A
O A I P L U M D G À G D I J A R
Z N À M Q L Q C R L P A Z X B D
T D H A H U A W P O P F P I H E
L W M L T W N B I V F E I Q A N
M U A K N N D A T D E C N U R I
G Z S Z C A T T I C A D C R L S
M E D F A G Y K D L N N S N A D
O O W X D P U I Y L S F N U N I
O L L R T O S E W Q A R I I N H
R G R A W Y R T O A X Q A G E C
B H L A D H C A L L A E T H V A
J P M F X H O Z S I E N R I À X
A C S E Ò M A R E S J W U H J M
M U L L A C H T A S S P C R H Z
```

ATTIC
BROOM
CURTAINS
DORAS
FEANSA
TEALLACH
LÀR
ÀIRNEIS
GARAGE
GARDEN

IUCHRAICHEAN
A' CHIDSIN
LAMPA
LEABHARLANN
MOLADH
MULLACH
SEÒMAR
A-MHÀIN
BALLA
URNUIGH

31 - Physics

```
X L F K V U N H L V Q M O S I N
K E D R N S U R T D R X K S F D
Y U E E E M A G N E T I S M E L
R G L H L Q R Y G F A N D N D E
X H L T U G U E L E C T R O N A
S A X I C J O E G D U U N M P S
B D I O E G P L N E H T F E H N
Z H D A L O M K S C G L A C L A
D O V G O V O Y M F Y A D H R S
A I G A M L A O I D H C S A F Y
M M A N Q F Y E B I T I G N A P
O A E B W B M M K B D M J I Q Z
T N G U H G I U N R U E X C J O
A T O M V A V J Z X C H L S O K
K H C A S A L C U I N C V R W F
J M Y Z N D Q O E I N N S E A N
```

URNUIGH
ATOM
LEUGHADH
CHEMICAL
DLEASNAS
ELECTRON
EINNSEAN
MOLADH
DIABHAL
FREQUENCY
GAS
MAGNETISM
TOMAD
MECHANICS
MOLECULE
NIUCLASACH
FAD
LAOIDH
NA GAOITHE

32 - Colors

```
M M E E Z N M D H T O V X S C V
I A G I D U B H D Q C T L P W R
L I I F F D Z K I O K C I E X K
N P E D H K U X A N N U D U Z G
W E B E È I H D P T I N X R V C
J S A L G A P X R U Z K G K O
B U I D H E N B U G E A L H Y K
O R A I N S P T P H K D D O U P
Y K O H A I P R A B T J P R H G
Q L Z S E R W H T A F E X M L O
P L M G H M D K N E N C L F O R
L P G K D V R G H H F N R O A M
N U Z L I J E T Q F U C H S I A
K C O U A R D R A X C L V O A V
D R K T S J X D B A H N I W J U
V O M U : Z A U A I N E I K C R
```

SPEUR-GHORM   MAIDÈANTA ANN
BEIGE   ORAINS
DUBH   PINK
GORM   PURPAIDH
DONN   RED
: SAIDHEAN   SEPIA
FUCHSIA   VIOLET
UAINE   GEAL
GLAS   BUIDHE

33 - Climbing

```
A D U Z S L O B U R O S V A G D
N Ù C Y H D A N A È R T L I L G
À B C P D B N N M I Q V Z R O A
R H D I A L U C H I M F B A V L
D A Z U X G R Z V Ù V S N M E T
B L P Q W M T T G I O P A H S I
H A A Y B S X J C L D X H A T T
A N C H R U T H A T Ì R E P O U
I Ò D E Ò L A I C H E M X A O D
L E V F B L Y F J M T X T L B E
E L B F G N I A H M U H C D U N
P H H Q N H C M U I Y O Z K C E
V P C A C K P U X Z K D J O J A
Y E H D Y F G Q J P H I N K D R
R Q S S K U J B C H F U N O K T
S E A S M H A C H D N N U G G V
```

ALTITUDE
AN ÀRD-BHAILE
BOOTS
UAMH
DÙBHALAN
EÒLAICHE
GLOVES
IÙIL
CULAIDH
HIKING
LEÒN
AIR A ' MHAPA
CHUMHAING
SEASMHACHD
NEART
CHRUTHA-TÌRE
TRÈANADH

34 - Shapes

```
H B B P C T O N B V C H J P Q O
B Y S C K E S I O L A N D A I R
O B P H Z N A T N A I R T P Z P
A Z Q E B U C R C V E P N Y W O
T P L V R M X T C O P E E R P L
A G K R A B Q Z R A N Y L A R Y
Z V V U E S O S Z S L E L M I G
B A G C K G U L B A S L I I S O
B J F M Z X N P A R C V P D M N
H K O B N G I C Q C A P S S H Y
B W Y U S F G O E O U L E A S J
Q R F L D X S Y Q F Q M N U R J
D K V T W E V L R H W B Q X O I
I O M A L L A N P L C L I N E Z
K E L J C E A N N O I S E A N D
A Y C S O C Y Y B R B D O L V B
```

ARC
CEARCALL
CONE
OISEAN
CUBE
CURVE
SIOLANDAIR
IOMALLAN
ELLIPSE

HYPERBOLA
LINE
OVAL
POLYGON
PRISM
PYRAMID
TAOBH
CEANN
TRIANTAN

35 - Scientific Disciplines

```
M L K P N Y G O L O H C Y S P N
E I M I J P J V G B G H X A Z E
C A N G N S R N I W Q K D L C U
O I U E Y E A N A T O M Y Ò Y R
L R O H R B S C I N A H C E M O
O N N K T A I I Y J D P N C O L
G A R R S E L O O M Z P R N O
Y C Q Q I T D O L L P M I A O G
K H E N M F Q Y G E O T Q C R Y
S B O Q E N V R N Y A G Q G T D
Q I M J H D I A H C T C Y H S H
I I A N C B O T A N Y O H S A U
R E Y G O L O I S Y H P K D Y B
M H H N I X I R J C G E Ò L A S
P D R F B I M M U N O L O G Y O
C À N A N A C H A S T T J M M U
```

ANATOMY
ARC-EÒLAS
ASTRONOMY
BIOCHEMISTRY
BIOLEACHD
BOTANY
NOUN
ECOLOGY
GEÒLAS
IMMUNOLOGY
KINESIOLOGY
CÀNANACHAS
MECHANICS
AIR NACH BI I
MINERALOGY
NEUROLOGY
PHYSIOLOGY
PSYCHOLOGY
CHAIDH

36 - Science

```
U C A R T V C M Z K O Y X D I F
M Y O H Y V Y H D O M O T A U I
S V E M H I M L E R M N N R B S
N K N V P Z H I R M B A V U T I
L A T H A À S S Ì W I I K V G C
F O S S I L I Q T X G C H P R E
X L E L D S S R U A I R A J A V
M B L X V C E F T P O J G L V O
R M U C Q I H O F E P D U Z I L
R N C U Z E T E S D A Y B Z T U
B U E D L N O Y J O P N R L Y T
Z R L I C T P D M A M V A K I I
L R O O F I Y C O N U F G S V O
Y U M B V S H D A L L A E S U N
D À T A L T A N A T U R D L Q L
I W P V I M È I N N I R E A N J
```

ATOM
CHEMICAL
TÌRE
DÀTA
EVOLUTION
FOSSIL
GRAVITY
HYPOTHESIS
LATHA

MODH
MÈINNIREAN
MOLECULES
NATUR
SEALLADH
COM-PÀIRTEAN
FISIC
LUSAN
SCIENTIST

37 - Beauty

```
V G Z Y V P W H W A O B J P D M
V R N A O J H J H Y P Q S P E U
G A A A D W N O Z M E X A M L S
B C D H M X D O T D S M X O E I
O E X A T N O P F O R J M L G C
E F W O F A Z M K F G H S A A B
C K M J U E B A T A O E T D N R
N U C X P S A H U L G C N H C A
A C R S T I R S M D A T H I E I
R H S L I E O U Ì F R N N G C N
G A T K S H G S N I A A N T U Z
A R Y K N B E U I Q C G D A T U
R M L U T R F G K T S E E Q X V
F K I F W I M W S N A L Q T I E
S Q S L M E D C O S M E T I C S
S F T K G S S C I S S O R S R K
```

CHARM
DATH
COSMETICS
CURLS
ELEGANCE
ELEGANT
FRAGRANCE
GRACE
RI
MASCARA

MOLADH
PHOTOGENIC
BATHAR
MUSICBRAINZ
SCISSORS
SEIRBHEISEAN
SHAMPOO
SKIN
MÌN
STYLIST

38 - Clothes

```
S L D X Y S F F J Q D E C H B B
S E V O L G G W E L W B H K J L
T E A W C O B A W È D C C H H O
N I P C Q T U M E I A W Y T F U
A A A V A C O M L N U R A Y I S
P V M D B I H R R E D U N H K E
F R F W L K D K Y S W E A T E R
U J U C A U D O C S S Z U O E L
T Z E S H Q N K A A H C Q A H A
V N D C A R E Y N M P O H P Q R
B B J A N O R P A A J V E A G F
M I E R D W X P F J R S Q O U Q
G U A F N I J T X A U Ì W W V T
B X N I A S A F Y P N O L U D V
O B S S A N D A L S E S Y K K O
E O I G B R A C E L E T Z U D O
```

APRON
NA H-ALBA
BLOUSE
BRACELET
MAPA
DOCTOR
FASAIN
GLOVES
AD
SEACAID

JEANS
JEWELRY
PAJAMAS
PANTS
SANDALS
SCARF
LÈINE
SHOE
SÌOS
SWEATER

39 - Ethics

```
Y D P Q A N S E T X O E C T I K
F E A L L S A N A C H D O N O F
P U T M J M Z B A N T D O U M L
A I R S X O F V L T P A B G R O
A N L N P D S U T T L O R E A P
R A T N A S U E R O Y I A T D T
M A R R U I Z C U A C N C R H I
R O J O Y W G F I T I E H I S M
I J D L P G S H S V T H A U K I
A H B H V E M J M M G I D H I S
G L C N A D A S A U L G H T N M
H B V I C I L U A C H A N Y D W
L L C I P I L W P C X M B X N U
A T R E I B H D H I R E A S E C
D X Q T C Q W T X S Z R C T S K
H M N N C B U A X H E J G K S E
```

ALTRUISM
IOMRADH
CO-OBRACHADH
URRAM
IS
URNAIGH
DAOINE
THUIRT E GUN
TREIBHDHIREAS

KINDNESS
OPTIMISM
FEALLSANACHD
RIAGHLADH
GLUASADAN
REUSANTA
MODHAIL
LUACHAN
WISDOM

40 - Insects

```
D F H N B C I K X S W L W I N N
M R S Y E P Q V K R O A O Y W H
G X A V R A L N D C R D V Q G O
U S E G Z Y S I B U M Y L U P T
T Y L P O F V D E S U B S G P W
Y G F T V N Z D E P V U W G D N
Q A Z N G H F B X E M G B J E H
Y D B M K Z K L V A O O T S A M
M A N T I S X C Y C M Z T O L O
M C L H K R S Y T H S T E H A S
Q I T E G X V U F W A P N R N Q
E C L S O O T S I T Q K R Y D U
A P H I D H C A O R K C O C È I
E E I B V G S Q I Z C V H X V T
Y W W D S I D F M G V Q P O J O
T K H B B E E T L E H D I O A L
```

APHID
BEE
BEETLE
DEALAN-DÈ
CICADA
COCKROACH
DRAGONFLY
FLEA
HORNET

LADYBUG
LARVA
LAOIDH
MANTIS
MOSQUITO
MOTH
TAIGH
SPEACH
WORM

41 - Astronomy

```
Y Y O A A H P Q R E C O S M O S
X M N O O M T Z È L Q K E W G N
A P O C Q O V L I P Z U G D S K
L S I G W Ì Q G D A L G I J O X
A H T Z W R T C I N A L A N A P
G Z A E Y P W B D I A C O R O W
F O L J R Q E C H F L Q C O T X
H D L E O O J W E X U Q F E O H
Y I E M T W I G A N B Q E T U J
P A T E A S C D C R E H F E U P
K C S O V W H G H A N H P M V B
J B N X R P D T D P L A N E T S
S P O C E C R Ì O N A D H E I C
C K C R S A S T R O N O M E R T
Y J Y G B D S T E P H E N S T F
D S T L O A N T A L A M H Q O I
```

ASTEROID
PRÌOMH
ASTRONOMER
CONSTELLATION
COSMOS
AN TALAMH
CRÌONADH
EQUINOX
GALAXY
METEOR
MOON
NEBULA
OBSERVATORY
PLANET
RÈIDIDHEACHD
ROCAID
SKY
PANALAN
STEPHENS
ZODIAC

42 - Health and Wellness #2

```
I L C A L O R I E N E I G Y H E
A N J Y I S Y O H C V M H R I J
L G F R M S N H J K C H B U D V
L E A E D E H Y D R A T I O N M
E N P V C R V T B F N Ù Y X H A
R E P O E T N I À L S L S C Y S
G T E C D S I I T X K X Y W M S
Y I T E W A I O L A D I P S O A
Z C I R M F I X N R M B E N T G
O S T I U E E T Q D L I U Z A E
R F E A H W Q K H C X X N X N N
Y K M L H K J S I E I C H Q A N
C H S A P H D A H C A H T A E B
L L E G U R N U I G H D Z W C R
P K B X K F Q N U K Y X B Y N L
A U D Y C F Z W U O Y Y Z Y Y X
```

ALLERGY
ANATOMY
APPETITE
DUBH
CALORIE
DEHYDRATION
DAITHEAD
GALAIR
LÙTH
GENETICS
SLÀINTE
OSPIDAL
HYGIENE
INFECTION
MASSAGE
BEATHACHADH
RECOVERY
STRESS
VITAMIN
URNUIGH

43 - Disease

```
A F V L A I R E T C A B I S Y L
L P R A B M U L K R L N M B W S
L Z R E N L W X T I N T M E T T
E F G H A S E Y C D H W U W G S
R X D L H G Y I K H R H N C I Y
G O K J M H A N G E E J I F N A
I Q R B À K H I D H V M T K E B
E B P W N M B K R R E I Y D A D
S P D S C F D L W T O A Y C D O
G A B H A L T A C H Y M S O A M
G B T Y P C H R O N I C E M C I
I N F L A M M A T I O N B H H N
Y I G K T Z S L À I N T E R U A
P A T H O G E N S V D L J A P L
N E U R O P A T H Y X Z U D A T
F O M H Y T Z W Y L A G P H K W
```

ABDOMINAL
ALLERGIES
BACTERIAL
COMHRADH
CNÀMHAN
CHRONIC
GABHALTACH
GINEADACH
SLÀINTE
CRIDHE

BHA
IMMUNITY
INFLAMMATION
LUMBAR
NEUROPATHY
PATHOGENS
FREAGAIRT
SYNDROME
LEIGHEAS
LAG

44 - Time

```
B L I A D H N A I L K M A Z S Q
Z U R R K T E H C W N Ì N D T P
L N N B V À E O H B A O D J C J
W Z Z P D R P C A J H S I N A T
K S G A Y T J S N G C M U U I N
P N I A D H C A E S A Q G M Y P
B L I A D H N A I O S W H D M D
M I O N A I D A L D O M Q V A Y
E K K R X L W R Q F Ì W U Q D I
H Y D H C A E T I R M À A J A J
C O L C G W P D K I F Z I C I C
H X R Y A I F K D J K P R Q N H
D E I C H E A D G S I K N S N P
I H V P T L S N N I L H R M L W
O R B A A X K R R Q T A T I H J
I S Z K L R Y V T U L P R O S Y
```

BLIADHNAIL	MIONAID
MUS	MÌOS
MÌOSACHAN	MADAINN
LINN	OIDHCHE
CLOC	CHAN EIL
LATHA	A-NIS
DEICHEAD	URNAIGH
TRÀTH	AN-DIUGH
ÀM RI TEACHD	SEACHDAIN
UAIR	BLIADHNA

45 - Buildings

```
O B S E R V A T O R Y P K S C L
T A I G H Ò S T A N Y H R T I A
F Q D X C J C I F P F H C Y N C
O X T O X R S Q X P I E Q E E Y
P W O L I O R Q V R U H H E M H
D H E I R E A D H S G O I L A J
U D R T K I A H L A E T S I A C
R I Ì H L E M N T W F W E V Y O
N A G E Q B Ò K T A K V C N H W
U R S A Q Y R V Q S L R G E T V
I A T T X À B Y S S A B M E L S
G T Ù R F R H L V V D B B H X T
H C R J A O Ù Q V F I Q H K D Q
O A W I R S T D N F P Q O A A K
L F F L M B H C L Z S X U T I K
A Q P Z C A B I N S O L H L H L
```

ÀROS
AN T-SABHAIL
CABIN
CAISTEAL
CINEMA
EMBASSY
FACTARAIDH
FARM
OSPIDAL
SGÌRE

TAIGH-ÒSTA
LATHA
OBSERVATORY
SGOIL
DHEIREADH
MÒR-BHÙTH
TENT
THEATR
TÙR
URNUIGH

46 - Philanthropy

```
U C T K G Y R C S Y E N I O A D
D R A E A A D L P S A H M N O I
Ù R N R O O N A R O C Q N X L C
B L I A A S K N I K H D A T R R
H R O U I I U N O W D F E U M U
A P A K X G D A C T R V N W D I
L G M L N J H M A O A T H Q P N
A H K G J T V A N M I V D D P N
N J Z X C P M R L T D X I V G E
D K B G S O Z G N E H Y U V F C
I Y Z Y J C C Ò T G B W B E O N
X H Y T I S O R E N E G V Y W E
U C C E R N O P O R S N L A Z K
B I H Y Z V V Y E K O T W Q S P
P O B L A C H C Q G H I Y T R I
F I O S T H U G A I N N K K H R
```

DÙBHALAN
CARAID
CLANN
FIOS THUGAINN
IONMHAS
MAOIN
GENEROSITY
CRUINNE
SPRIOCAN

BUIDHNEAN
EACHDRAIDH
URNAIGH
DAOINE
FEUM
PRÒGRAMAN
POBLACH
ORAN

47 - Gardening

```
W A J E V S G A T M E H D N P H
W B H H S M Z C X O S L I P Z J
L O Ì S P R L S X L W S M I X I
E O I S O W W E M A M J M G M C
A A B L O S S O M D R A H C R O
F E E J A Z Y D R H Y V J M U H
O I T P W C C O M P O S T N I Y
Z I X I P S I H L G C C X V S S
T X L L P K L N E F L F H B G T
G F Z I B U H L A M L O M T E P
T U T E U Q U O B T O O F O P X
Y V X H A H S Y K O O I R U Q D
S O I T H E A C H R O B S A U T
T Y M I N J G F U A P L H T L Ì
U Y I À J Q G H K N Q Ù I R F R
X M V R O F O L I A G E H R R E
```

BLOSSOM
BOTANICAL
BOUQUET
TÌRE
COMPOST
SOITHEACH
MIX
MOLADH
FLORAL

FOLIAGE
ORAN
LEAF
MOIST
ORCHARD
RÀITHEIL
SÌOL
ÙIR
UISGE

48 - Herbalism

```
B A K A J P L W O B A S I L C M
C T R D U E G U R L K N T V À E
J Y X O K T S N E D R A G T I A
Y V M V M Z X S G D O T F Z L C
Y E L S R A P E A X U A E I E A
R W N V Ù F T N N J H R A L A N
A A B F L R L I O T C R R A C D
N O R F F A S A C P K A C O H U
I F N E U Q O U V Z G G I I D B
L D C X X B X W D O P O U D D H
U Z V D Q O V W D G R N I H U E
C I N G R E D I E N T I L S M K
M S U S Y Z R V V K B L E X D K
H E I M I D F E N N E L U E M Z
T V A B W P L A N T N I M X F M
D U P E R O S E M A R Y B B I C
```

AROMATIC
BASIL
FEAR-CIUIL
CULINARY
FENNEL
FLAVOR
FLÙR
GARDEN
UAINE
INGREDIENT

LAOIDH
MEACAN-DUBH
MINT
OREGANO
PARSLEY
PLANT
CÀILEACHD
ROSEMARY
SAFFRON
TARRAGON

49 - Vehicles

```
V W R T A T G S C O O T E R H L
V S O U A D I Y B C Y F P E E À
K I T U L H H R A T C A R T I R
C G H Z Q I O B E R X R L O L A
X N A V A R A C R S U B N Y E I
P A I B À T A G Y A W B U S A D
E E R W O C S M R C N F C T C H
B S E T M E J J R E À N T C O N
O N O J V N D M E C E R A P P H
P N T B T Q U J F F W E C I T G
D I A C O R L N H T S Y S A A B
Y E N I R A M B U S N P A X I A
S C J Y Q S N Y I P R M I N R A
P C O A I L V V R M G L D D Q Y
G T B U K Z F E L T T U H S C W
W W W Z U P J N F F V B D I X Y
```

ADHBRANN
ROTHAIR
BÀTA
BUS
CÀR
CARAVAN
EINNSEAN
FERRY
HEILEACOPTAIR
CO

RAFT
ROCAID
SCOOTER
SHUTTLE
SUBMARINE
SUBWAY
TACSAIDH
TIRES
TRACTAR
LÀRAIDH

50 - Flowers

```
S X U T M D Z K B Z M Q E A L M
N E L B Q S J W O P M O J C D B
Y N A A I R E M U L P A D P A W
S I T M N V Y I Q S J L Q Q N J
C M E K R B X X U F F J Q H D X
K S P Z E A I N E D R A G I E V
K A P Y W O I L T S X L O B L B
Q J L W O K R G A M Y B E I I D
L E Q W L H M C V O S O S S O F
E B H P F L K A H Y I Q A C N S
O Y P W N N O L L I A D N U T K
M F S G U U J I Y K D V H S U G
L I L Y S A I L O N G A M I L I
D C S J Q A T Q H V M H J X I H
P E O N Y P P O P V L I V S P H
V J C J J U H H Q V O Y Z A T L
```

BOUQUET
SEAMRAIG
DAISY
DANDELION
GARDENIA
HIBISCUS
JASMINE
LAOIDH
LILAC

LILY
MAGNOLIA
ORCHID
PEONY
PETAL
PLUMERIA
POPPY
SUNFLOWER
TULIP

51 - Health and Wellness #1

```
H E E Q E Q À T J M Y X A R C W
T J Y A V T I Y D A U F C U A V
Y L V H G X R O M I E S P F Z I
B Y W T V B D M A R D G C N G R
Y T D I D X E L F E R L C L B U
C Ò M H R A D H E T Ù D E J E S
L E I G H E A S M C G U L Ò I S
C N À M H A N D H A I W Z Z N E
B D Q N E R V E S B A F A Z A N
C O S X N V S N H G N V N C R O
J L Z S N H C A H M O Ì N G A M
B N N P K U B M V M I B Y L L R
A C R A S I P Z L S L F P K O O
L A O I D H N D D Y C E C A S H
D O C T O R T F R A C T U R E X
I Z P H A R M A C Y W V Y T Z B
```

GNÌOMHACH
BACTERIA
CNÀMHAN
CLIONAIG ÙR
DOCTOR
FRACTURE
LAOIDH
ÀIRDE
HORMONES
ACRAS

LEÒN
MUSCLES
NERVES
PHARMACY
REFLEX
SKIN
SOLARAN
LEIGHEAS
CÒMHRADH
VIRUS

52 - Town

```
O D T H E A T R B A J T I Z A C
B L S T P R H D A R R À G I I I
J I I G A W O G N W J D I Q R N
V S R Y N I H T Ù H B R Ò M P E
M K O Y K I G C S K I R F Z O M
W L L Z Q Y F H N K I Q Q I R A
Y T F A R F N G F G O K E S T T
D H E I R E A D H U I O I G N A
P H A R M A C Y X C I W B O F I
P Z N C J E F M X A H N F I R G
H Z Y N N A L R A H B A E L G H
X X C O C I L X Z R L U N U D Ò
A T Y W S S O R X F K N N B M S
S T Ò R W M P H U X T E Q C O T
K X Y U M U R N U I G H T V I A
E S V C L I O N A I G Ù R S W F
```

AIRPORT
TAIGH-FUINE
BAN
BOOKSTORE
CINEMA
CLIONAIG ÙR
FLORIST
GÀRRADH
TAIGH-ÒSTA
LEABHARLANN

MARKET
PHARMACY
SGOIL
DHEIREADH
STÒR
MÒR-BHÙTH
THEATR
URNUIGH
SÙ

53 - Antarctica

```
E S F H D A H C A S N N A R J V
T I F P C E V O C À K R N W H C
M A L R H B I E E B S D X N Q C
O J I E V V W G K F S H X Q Y S
L E U S A B X S H N J C E Ò I N
A Y X H B N N I A T N A E L ' A
D N F D R E A U P A X H E T C E
H N E Ò I L A N V D O T X Q R H
D A O I N E S N T E C Ò S T U D
U R I N N G H C A G A E R C T I
A P H W I B J S I D Q T E S H A
O R F N A F Z Z G B H Q I U T S
D P T D R A O J L S J A C A Ì Y
M Q X J À K Y T W B F N A Z R L
R U B H A G R J W X J N L V E V
Q K C O M H R A D H F R G B P R
```

BÀS
EÒIN
NEÒIL
COMHRADH
A 'LEANTAINN
COVE
ÀRAINN
TAISBEANADH
DAOINE
GLACIERS

DEIGH
EILEANAN
MOLADH
RUBHA
RANNSACHADH
CREAGACH
SAIDHEANS
TEÒTHACHD
CRUTH-TÌRE
UISGE

54 - Human Body

```
C C G K N S A U L C J A S C B A
C E A N N K X M N M C P C V R T
G L M A R I L J H K D X M A A S
G K A E E N K X B A Q E Z O I G
N N T L E G G R U D I Q W I N Ì
C A S I X L E H D I R C Y S A T
W H O B Y U B C W L J W H T H H
P Y I W P E K O J X O Y Y H M R
H S J N H B H J W F U J L J À W
Z B F S G R Y P A U A Y R V N D
Q F N V M A N R J K P X T K C A
D M Y S Z C O E D U W R Q L T M
O G O C Q C S A O D A N N L X X
L À M H R I V I R V Z F Q O R G
K X X V H V Q V A O U R X P P G
A P L U R J F C M W H C G R E P
```

ANKLE
DUBH
CNÀMHAN
BRAIN
CHIN
CLUAS
ELBOW
AODANN
LÀMH
CEANN

CRIDHE
JAW
KNEE
BILEAN
BEUL
AMHAICH
AOIS
SGÌTH
SKIN
STAMAG

55 - Musical Instruments

```
U Z I D N A M S A W B M T Z L J
L L C N I R I A B M A T G I P M
U B Z A L G A U B U S E I Z L D
F U F P O Q R T A R A P O K M J
H L N M D H A N O D C M T L S X
C W Ù O N G F T V U S U À C O P
A L Q R A M X S Q X A R R F F R
S E A T M F Z G T E F T L W H X
R E B R E O L L E C O Y Z K H B
À Q U E I J Z J R P N B P G R A
L Q B D O N V I O L I N O O M S
C E W U A A E H O R P S P N B S
M A R I M B A T Z N V J I G J O
S P O P V Q S N X O Y R A G S O
Y K F W F Q K I K O S J N Y B N
F C I N H H M T C L K P O W R X
```

BANJO
BASSOON
CELLO
CLARINET
DRUM
FLÙR
GONG
GIOTÀR
CLÀRSACH
MANDOLIN
MARIMBA
OBOE
FARAIM
PIANO
SACSAFON
TAMBAIRIN
TROMPAN
TRUMPET
VIOLIN

56 - Fruit

```
Y R R E B P S A R M Z B X V T N
K E X D A E E L P P A E N I P E
A I Z X N U L A K K Y R R E H C
P I W Z A R Q P H W U R U V T T
R I Q I N A Y A P A P Y C L C A
I G J D A N G I F A X J F Q V R
C F A E T O U Q P A D K D M E I
O M D M R M A Y E V N B R V X N
T U L P H E V O D A C O V A B E
U Q M Q F L A G G A X M S U O Y
N O Z U X J Z N R D T J E V Y B
O R P D P L J A Q A P E A C H Z
C Z K E P B U M A R P A G I O Y
O L K S Q T P Q K G W E H M A S
C M E L O N W G J E Y B Q U S K
K O A A R Z N O H T H U E P R U
```

APPLE
APRICOT
AVOCADO
BANANA
BERRY
CHERRY
COCONUT
FIG
GRAPE
GUAVA

KIWI
LEMON
MANGO
MELON
NECTARINE
PAPAYA
PEACH
PEURAN
PINEAPPLE
RASPBERRY

57 - Engineering

```
Q O X M H T Ù L E S E I D U Z U
W G I I M B B C I T X R G S C F
E J B G W G S K T Q S I X U F C
C O L W N O I T A L U C L A C E
G T F Y Z P F T U A B I D D P À
W P M O L A D H O A Z T D H R R
D H W Y E M V E Y G Q U M C X N
Ù U Z R F W A X V N A D V A V H
T X I O D W U C O L K I E H H N
H D A S A E M D H S S O L M M A
C A B H I T H A X I N Q Z S A E
H G O V B T W K Q O N G E A R S
A N E A R T D D I N B E K E G N
S A H M O H T T S A R T J S A N
L E V E R S U O X X H M S P I I
S T R U C T A R G O L B Y R D E
```

CEÀRN
CALCULATION
TOGAIL
A BHITH A
DIAGRAM
TRAST-THOMHAS
DIESEL
DÙTHCHAS
LÙTH
EINNSEAN

GEARS
LEVERS
LIQUID
MACHINE
MEASADH
CO
MOLADH
SEASMHACHD
NEART
STRUCTAR

58 - Kitchen

```
C Z B Y M A I J A R S K R O F N
R H C V D C K A I E P Y L Y J M
D E O K X W N P B Z O Q J T U E
H H C P M X A R B E N G P J C X
G P R I S B E O R E G T Q Q F N
E L T T P N N E R E K U C K X
N C N L L E I M Z F N A P K I N
C X O R Z L E C W R N Q W E O M
C Q E A C D G K K N I Y W M H
M H N T H O S S W S A L H B O B
J A S S D Q X N A E H D I O A L
H A U K K I Z I N J M G R I L L
I L Y K D D J A G A À B V K V P
G U D D L V W P J U I C E Q J T
D Y S K M D F O J I Z G H D U U
G F F M K L X C A R B A D A G P
```

APRON
BOBHLA
CHOPSTICKS
COPAIN
BIA
FORKS
FREEZER
GRILL
JAR

JUG
SGEINEAN
NAPKIN
ÀMHAINN
RECIPE
CARBAD
LAOIDHEAN
SPONGE
JUICE

59 - Government

```
S P J M Q P I C J H X C L B C G
G A V D D Y E E V J V A U U S S
I C O D E Z M A I J M T B N A G
T Y O R T T Q R V J N H H R O Ì
I S F S A B T T K H L A D E R R
L R A D T N F A G C A R I A S E
I S D M S I A N B Y G R A C A E
O Y Q M H H Ù C P F H A C H O Z
P X O T V L E I H K D H A D U K
Q H Z E K A A R R D N C R C R D
H D A H C A R S O I F I C E N T
U R N A I G H U P S C A O A U Ò
P U T T F T Y Y G T W H M R I R
C H U L T A R A I L M T E T G A
T W A K B M L P O S J Ù D T H I
N À I S E A N T A F N D F K T D
```

SAORANACHD
CATHARRA
BUN-REACHD
DEMOCRACAIDH
URNAIGH
SGÌRE
URNUIGH
FIOSRACHADH
CEART
LAGH

STIÙIRICHE
SAORSA
DÙTHAICH
NÀISEANTA
CHULTARAIL
POILITIGS
CEARTAN
ÒRAID
STATE
SAMHLA

60 - Art Supplies

```
O Z K O B S T G R C Q G C O I T
W S H X G R A E P I À P D L E M
Q R Y U L À U X U N F R K K A C
M R R Q Z L V I F F W X Y C R Y
W U O L W C Z B S T M X P U A B
I N C D U B H F T E U L G H M U
N R M V Z L U N U Z A Q X D A Z
O B O K L E R A S E R N N A C Q
P F L S S S P D O T G A W H Z A
I E A A U A N H S S J E G C F C
W G N M M E H C I A R H T A C R
Q S A C F E L A C L M F Y H T Y
U I H X I B G E O L F F Y T W L
W U T D U L D B H K D G B U B I
W E A O J S S K R U N E U R A C
U I D C U T K N L J Q S D C H T
```

ACRYLIC
BRUISEAN
CAMARA
CATHRAICHE
CLAY
DATHAN
CRUTHACHADH
EASEL
ERASER

GLUE
BEACHDAN
INC DUBH
OLA
PÀIPEAR
PENCILS
CLÀR
UISGE

61 - Science Fiction

```
O R A C L E C L I R L Y H I G L
X U I P O D T E N A L P G V A E
X U P R Y R A N I G A M I X L A
O U O F H I P I H M C Y A R A B
H X T Z U À P E N E I M O B X H
E C U B W T G T O Q L C C H Y R
S T O B O R U O H S L I E D D A
A G X S U O I R E T S Y M A S I
L N O I S U L L I Z P R T H N C
Ò I L I A H G O A S T F J D I H
E C K C N I Y R R I T H K A H E
N H N A W N P D C D Z I M E D A
C I B O H D E J L Z T I C R N N
I A T O M I C N G X J U P D E
E J Y T Z Q B U L U R E O S I H
T D Y S T O P I A M E N I C A S
```

ATOMIC
LEABHRAICHEAN
CEIMICEAN
CINEMA
DYSTOPIA
SPREADHADH
ÀIRDE
SGOINNEIL
TEINE
FUTURISTIC
GALAXY
ILLUSION
IMAGINARY
MYSTERIOUS
ORACLE
PLANET
ROBOTS
TEICNEÒLAS
UTOPIA
T-SAOGHAIL

62 - Geometry

```
G G C L S U M E U D S C J P C T
F W U O R H R O P C Q E T S A H
C D R G O F U N W J E À C N L E
T T V I E F O N U O Z R X Y C Ò
V K E C W X T A R I X N L E U I
M P T C C R Y E G R G F U R L R
T O M A D Ò U C K E A H N Y A I
I N J S A H M O H T T S A R T D
Z Y V N A N A H D A E M T T I H
À C O S M X K E N B Y P N E O V
X I X V Z X T H R A L E A M N Z
A B R E D N Z I M I R L I M H P
M Z N D À I R E A M H D R Y Z N
S O V L E L L A R A P W T S I N
C E A R C A L L X Z M H K X F I
U I N G H E A R A C H Z P D T A
```

CEÀRN
CALCULATION
CEARCALL
CURVE
TRAST-THOMHAS
MEUD
URNUIGH
ÀIRDE
CÒMHNARD
LOGIC

TOMAD
MEADHANAN
ÀIREAMH
PARALLEL
CEANN
SYMMETRY
THEÒIRIDH
TRIANTAN
INGHEARACH

63 - Airplanes

```
A L T I T U D E D R I À T M D O
T E A B F K O A W U W U U S K Y
O I E N D Z U O K V I N I R T W
G N L H R J N V T G C W R S U P
A N Ì Y E H D A N N O C L C R H
I S P D G D J O S O C S I E B G
L E W R N I G W C O I P N Q U G
Z A T O E A W S Y L A L G X L R
B N J G S R E Y W L W E C N E U
U S R E S D R H D A R A E D N R
B O R N A H C O D B Y V K X C C
W A I K P C Y Q P I S Q N W E D
E E A T E A I M U Z O G I R Y E
K M H D D E Y C D O T A L A M H
C H D À N A C H D K Z A L A W V
X N A N À R D B H A I L E A Z W
```

DÀNACHD
ADHAIR
ALTITUDE
AN ÀRD-BHAILE
BALLOON
TOGAIL
CREW
TUIRLING
DEARADH
EINNSEAN

CONNADH
ÀIRDE
EACHDRAIDH
HYDROGEN
TALAMH
PASSENGER
PÌLEAT
LAOIDHEAN
SKY
TURBULENCE

64 - Ocean

```
V I B S A L A N N S K T F C E Z
P S A N U T A M M J V U E H B R
O H R S E D I T X V I Y A I H G
M A C J G J J E R S E Y M J W Y
M R W X H E Q G I S A R A H M L
S K C O R A L N A X G N I C E K
J T R L K D T O H X L W N A S U
A Y O P S Z A P M X A H N P O Q
C O L R H M B S N N A G S A E S
I Q Y R M I U X A I S A R U M L
V L Y S A M R Y E L T R U T C P
U U U X T A J H S O C T O P U S
C P L P F E J E L L Y F I S H B
S Z D B W V R D O L P H I N Q F
Z S A S G W D W A V Y S A D T T
X T O V A A K Q I R W J V T O W
```

ALGAE
CORAL
CRAB
DOLPHIN
EASGANN
IASG
JELLYFISH
OCTOPUS
OYSTER
JERSEY

SALANN
FEAMAINN
SHARK
SEANMHAIR
SPONGE
STORM
TIDES
TUNA
TURTLE
- MHARA

65 - Birds

```
R I U N S L J S H Y N V A A L T
E C S Y T T T Z H K R L Z N F O
P I X X O C U G A Y Q N Z T F U
E A W U R R N A C I L E P O P C
C R R Y K O N M G O K B L U E A
H H T R X W A M O O E A L A A N
L G U E O C G E C Z O L U H G K
C U Y T G H Z A B J S G A L J
A T R S H N D D E N F Z E W E A
N V H C A H W P S T N V K A T
A L U J Y Y G A W N K V O J H I
R L L O J I L M S D J A D O L P
Y O C E A R C F S E Q X M F T M
Y N S F A M P J C F D P B M D B
W G Z T X H T V B W I Z Q N S I
O S T R I C H F L A M I N G O R
```

CANARY
CEARC
CROW
CHUTHAG
DOVE
TUNNAG
EAGLE
UGH
FLAMINGO
GOOSE
GULL
HAWK
OSTRICH
PARROT
PEACOG
PELICAN
EMMA
STORK
EALA
TOUCAN

66 - Art

```
H C A E R D D A I H C U P S H L
G E R U T P L U C S S R A U O È
P O H U B N J M S E I N E R N I
G E D N T A S J F Z M U H R E R
Q T A E Z H M J S L P I D E S S
Q L H R W B A G K Q L G A A T I
B L C F S L T I J I I H R L L N
B I A P G A A Y C M D V H I I N
R H N K J E N J I H H O M S W E
M F S W S D W T M S M B O M V L
B M O A N J R M A A U O C M I F
A O R A O H D A R M O I R P X H
G I B H N Z O L E H J F B Z K O
Z T J M I Z I K C L X V F T J M
H X Z U X U D H C A D R À B R G
U A H D C E G D V O E Q K J S J
```

CERAMIC
IOM-FHILLTE
COMHRADH
CRUTHAICH
IOMRADH
HONEST
BROSNACHADH
MOOD
CHIAD DREACH
DEALBHAN
PEARSANTA
BÀRDACHD
SCULPTURE
SIMPLIDH
URNUIGH
SURREALISM
SAMHLA
LÈIRSINN

67 - Nutrition

```
F M Z B W S Y T M N B T V H G P
E C U A S K Q S H H G I U N R U
R C À I L E A C H D N W T A H O
M T E K G S C N K L N D V T S Q
E Q P F T N A E H D I O A L E Z
N I D E K I L Y G N A F Z C T R
T E E P T X O T Q J H L L E A D
A S Q Z E O R L R D G A K I R I
T N I M A T I V I G O V S S D G
I I F B S N E O Q Q R O H T Y E
O E G C L E S J D R U R W E H S
N T K L À I T T A G Z I B A O T
E O D W I R H H J W Q B D N B I
G R H N N T X T W Q P A G S R O
B P N E T U A P P E T I T E A N
D I R L E N D A I T H E A D C H
```

APPETITE
BITTER
CALORIES
CARBOHYDRATES
CEISTEAN
ROGHAINN
DAITHEAD
DIGESTION
FERMENTATION
FLAVOR

SLÀINTE
LIQUIDS
NUTRIENT
PROTEINS
CÀILEACHD
SAUCE
LAOIDHEAN
TOXIN
VITAMIN
URNUIGH

68 - Hiking

```
H C S R A L O E X E J U F W J U
H O Q Y P B L M X G W M I C E L
D M O V A Z A T G H L N A Z O L
A H D A H C A E M N I A D W E A
H A I E M O M S X P Ù G H Y H C
C I D H A W X K G T I W A M L H
A R I H R B E G P Ì Q Z I M D A
E I P R I M H V Z À T H C D B D
N Z M C A M P A D H I H H Z N H
N Z U S X F L M C I O R R V J U
I A Q T I E L T W W D M T J G V
U R I O O R U T A N U I S G E E
R N D O M Ì C L A C H A N A I G
C F F B F T M O U N T A I N O B
Z Z X V V B P U T Z P K K V N D
V A J D U Y W V S S Y G E N R I
```

AINMEACHADH
BOOTS
CAMPADH
TÌRE
IÙIL
HEAVY
AIR A ' MHAPA
MOUNTAIN
NATUR
COMHAIR
PÀIRT
ULLACHADH
CLACHAN
CRUINNEACHADH
DIDO
SGÌTH
UISGE
AIMSIR
FIADHAICH

69 - Professions #1

```
P S Y C H O L O G I S T S B W G
C A R T O G R A P H E R W I E F
T O S G A I R E H C I A S A E D
S U N Y E N R O T T A C J P T F
I R A E P V À E D E R W E B D Q
G N N Y A L T I B Y E U W A O I
O U C L I C U H P Z Q U E N C D
L I D C O C H M V H F T L K T O
O G C R W G V C B J C M E E O N
E H S A I L O R I E Z A R R R U
G O P G I Y I Z Z Ù R R E Y E R
A S T R O N O M E R I O T N C S
K Q X I X A M X C L W L W A N E
V C O I D S E L D B R I M E A G
E X F V N O P N V P F A D A D L
T K N A I R A N I R E T E V K G
```

TOSGAIRE
ASTRONOMER
ATTORNEY
BANKER
CARTOGRAPHER
COIDSE
DANCER
DOCTOR
DEASAICHE
GEOLOGIST

URNUIGH
JEWELER
NEACH-CIÙIL
NURSE
NEACH-PIÀNA
PLUMBER
PSYCHOLOGIST
SAILOR
TAILOR
VETERINARIAN

70 - Barbecues

```
N C H W H D A R H M A S T S A S
G A A I T M C T C L A N N C M A
H H G R P D R P E F H N H E E L
L Y F E A H A E U A M J S A A A
A G N L A I S R K F G T V R S D
S Y O W T M D A V D A H J C A S
R S M A E F A E W R X G L J N A
A H O S U L H N A I Y Y R A H E
I B G F R N Z N N N A L A S C Y
C I G F F C F Ì T A S V N E H H
H A R P M U N D U N N I I K Z X
C R I B G R G N T O M A T O E S
E H L V E C U A S G E I N E A N
Ò O L F O R K S E G B P I G E W
L T D A U Y C Z N M E B G T X I
L M J J C W P S O D S H Z Q K L
```

CEARC
CLANN
AN DÌNNEAR
TEAGHLACH
BIA
FORKS
CARAIDEAN
MEASAN
NA GEAMANNAN
GRILL

HOT
ACRAS
SGEINEAN
CEÒL
SALADS
SALANN
SAUCE
AS T-SAMHRADH
TOMATOES
GHLASRAICH

71 - Chocolate

```
I N G R E D I E N T B E N H M R
A F H M L J W Y A K L V A N K E
N J U C H E T Q M U A R E T L C
T C À I L E A C H D S A L B Z I
I M Y K K L W X M C T Q B S K P
O U J K R F K R P O A R I G I E
X T E C O C O N U T L I Q Z C R
I C Q J V E R S V A O A N R A Q
D D E K A Y J E T N C C D A C N
A L C K L C Z I L S T Ù O H A F
N M Z C F N K R E T T I B P O G
T X C L I X T O M U E S N I M U
D D U U F T M L A N J E B Y H O
Q S I J M W T A R A R O W U X L
J W F A H X N C A E F R H S B O
Z Q K E X G A B C P M U J M I L
```

ANTIOXIDANT
BITTER
CACAO
CALORIES
COLA
CARAMEL
COCONUT
BLASTA
MOLADH

FLAVOR
INGREDIENT
PEANUTS
JUMP
CÀILEACHD
RECIPE
SIÙCAIR
SWEET
BLAS

72 - Vegetables

```
E W B P N N X R P M B K P Q Z Z
K S D U O V Z Y N P O B E U J O
C I O R I L O C C O R B A W Z H
E C F E N L G B D Z U X Y A E W
L U Y G O R E W O L F I L U A C
E R D N L T P A D H D U W L R F
R R I I I E O T N A L P G G E M
Y A F G V K O M G N G I J X H T
D N H M E O P D A D R F C L Y K
I R T S I H U M E T E Z Q Y E Q
C S P F R C A P U H O S D G L L
D I A S A I L S Q P R A D I S H
J L C C H T O L L A H S D C R D
C Q V J P R E B M U C U C A A W
D V C R J A M U S H R O O M P H
H C L U Q B T U R N I P Z T I A
```

ARTICHOKE
BROCCOLI
CURRAN
CAULIFLOWER
CELERY
CUCUMBER
EGGPLANT
GINGER
MUSHROOM
OLIVE
ONION
PARSLEY
PEA
PUMPKIN
RADISH
BUILEANN
SHALLOT
SLIASAID
TOMATO
TURNIP

73 - The Media

```
D N L H A A W I Y I J L C V G G
E B E K B I O C J P H Ì O W N F
A E V H S J R N T T G O M L Ì J
S A Q U F A R L A M I N U I O N
A C L I A D A N O I Q R N A M Q
C H Z P L A D F G I R A N D H N
H D C N Z U I D J H D A Z H A M
A A O A F F O K H A F H M C C V
D N X E L O P M A O I N N A H B
H A P S O B F O G H L A M E A E
W H S I Q L O J O E X N M L S A
Z B U R S C O P K K V V I T U C
G L D I D S E A T A C H Z N W H
F A V C O N A L T R A D H N A D
C E T E L E B H I S E A N I M D
H D A H C A R S O I F S D D R Z
```

BEACHDAN
COMUNN
CONALTRADH
DIDSEATACH
DEASACHADH
FOGHLAM
FIOSRACHADH
MAOIN
AONAIR
GNÌOMHACHAS

INNTLEACHDAIL
IONADAIL
IRISEAN
LÌONRA
AIR-LOIDHNE
BEACHD
DEALBHAN
POBLACH
RADIO
TELEBHISEAN

74 - Boats

```
N J V F V M Z L T A O B L I A S
W F A V Q G Q B S B Y F I M Y G
V G R T O X K W A H B V B E L W
L I F E B O A T M A O C E A N W
H G Y O I J Y X B I L À N V A B
L T Q N K J A A Q N S E A D C U
M X H A Q L K H E N A C A I R O
P A Z C J S I Y I F Y W F E A Y
S V C L A K E D N J L Q I P Ò R
D T X V Z Y B K N B W P J X Q R
D F F Q C R E W S U E E N H L E
J V Q Z I O C W E R W W L J J F
I J L R W L D S A S A V U T P S
V P I H P I Q W N V Q F U V C Z
U S B Q R A L Y L R M U T J D S
W R B R P S K X J S K K F J S L
```

ACAIR	MAST
BUOY	OCEAN
CANOE	RAFT
CREW	ABHAINN
DOC	RÒP
EINNSEAN	SAILBOAT
FERRY	SAILOR
KAYAK	SEA
LAKE	- LÀN
LIFEBOAT	YACHT

75 - Driving

```
C A R S Q S E G A R A G B D C P
L À R A I D H C S T T I H F E E
B R A K E S T I O R U T O M A D
P O D K V G I U S A T A C O D E
Z O O C F F O Z J F L C H T X S
S F L U W U A D S A U O U O M T
N R P I Y J G H V I C Z N R R R
D H Y F C H A Q G G T J N C A I
N R F I Y E N H F K N L A Y T A
Z I I A I R A M H A P A R C H N
G A S V T U B A I S T W T L A T
K I C Y E B K O M C À R P E D U
T D W J P R U E N H U H Q H U N
C S À B H A I L T E A C H D C A
C O N N A D H B S T U M W G B I
E M W T W V R E N U X H N X L L
```

TUBAIST
BRAKES
CÀR
BHO CHUNNART
DRIVER
CONNADH
GARAGE
GAS
CEAD
AIR A ' MHAPA

CO
MOTORCYCLE
PEDESTRIAN
POLICE
RATHAD
SÀBHAILTEACHD
NA GAOITHE
TRAFAIG
LÀRAIDH
TUNAIL

76 - Biology

```
Q S Y M B I O S I S W C V U O N
H Y L W T Y Q K I Y N O R U E N
N O I T U L O V E U V L C B W P
À N Z C J H L X J D B L L A H H
D A E U C C B A Y N X A R I W J
A N O I T A T U M I H G T P Y C
R A B B K H E X Y A I E E F B B
R T B Z Z T I M F T F N F P A E
A O H L U A R V B O S M O S I S
Y M E V E E V E F R R G R N R P
C Y M P C B K N N P Y K E E E A
U E M O S O M O R H C O P R T N
K R A P A T H O G E N Q T V C Y
U P C L H O R M O N E K I E A S
C P H U L E N Z Y M E O L J B U
R E K X T A V H P G V E E J K N
```

ANATOMY
BACTERIA
CEALLA
CHROMOSOME
COLLAGEN
EMBRYO
ENZYME
EVOLUTION
HORMONE
BEATHACH

MUTATION
NÀDARRA
NERVE
NEURON
OSMOSIS
PATHOGEN
PROTAIN
REPTILE
SYMBIOSIS
SYNAPSE

77 - Professions #2

```
C B X A F S D P H Y S I C I A N
E I P T T R H E R E H Z T Z M F
I O B P I E D R T O S V O Y F U
M L B B Z N A H L E C W E K X V
I O E E K E H G E Y C K D C R X
G G V H X D C I A Y O T Z V O B
E I R B M R A U X S N U I F T L
A S I L R A S N M J G L B V N I
R T A I I G N R J S T B U H E N
P Ì L E A T N U M P U S V J V G
E L C D T R A N H Z E R I L N U
G W A H N V R E M R A F G P I I
U W I C A G Z L O G W M F E S S
N F H A E Z W X Ì R B U K G O T
K V F E P Y O V R H T K M S R N
S K T N C G E N P A T D F D J N
```

PRÌOMH
BIOLOGIST
CEIMIGEAR
FHIACLAIR
DETECTIVE
FARMER
GARDENER
NEACH-DEILBH
INVENTOR

URNUIGH
LINGUIST
PEANTAIR
B'E
PHYSICIAN
PÌLEAT
RANNSACHADH
SURGEON
TEAGASG

78 - Agronomy

```
N G B H O S I O S T A M A N H H
X T N T R A À B R H H D A C O D
A I P E G H G F À R A I N N G I
F E A R A C L U S A N S C P Z A
T J H B N A G H L A S R A I C H
U R S I I E Y T O E M F J M V C
A I U A C T X Ù Ì F J A G F C A
O E S A J I Z L S N M P S Q Y R
Q Q D G I À S A I D H E A N D H
E C Z M E L N Y P A U H W A D T
H Z D Q C J L S K A X S X J N O
E C O L O G Y E J M W Q M G V A
Y K S J C V Y H A O F V R J J S
I T Y J L A T J H D A D Ù R G S
D Ù T H C H A I L M H F R K M H
F E R T I L I S E R W Y H C L Ò
```

ÀITEACHAS
CLÒ
ECOLOGY
LÙTH
ÀRAINN
FEAR
FERTILISER
BIA
FÀS
ORGANIC

LUSAN
TRUAILLEADH
SAOTHRACHAIDH
DÙTHCHAIL
SAIDHEAN
SÌOL
SGRÙDADH
SIOSTAMAN
GHLASRAICH
UISGE

79 - Hair Types

```
B R N R D W K P T I M Ì N N O D
V E B Y B G O R G Y K N I Q K F
P W O C D O S J M J V R H G E G
I L A R O I C B P U N L T E V W
K U E R U R D Y L G Z N Y A V O
X V T A H I U E Y E M J M L A F
J C H L T D B M S T H K L M T J
E V T B F A H K Y N I H S F A U
B D A O O W C D G I K U Z U N T
F G D G S T I H N À B K G X T D
A U U O L G T Q D L A B Y H X B
D X Y G R P Y F F S O Y C J G R
L A B N U F Z W U S B G N C V A
V Q Z X C W S H X Y J Z L A H I
Z L Y E Y G W A M N S J J A J D
C U R L Y L E F R P N R W F S X
```

BALD
DUBH
BLAR
PLEATACH
BRAID
DONN
DATHTE
CURLS
CURLY
GLAS

SLÀINTE
FAD
SHINY
GOIRID
MÌN
SOFT
TIUGH
THIN
MFU
GEAL

80 - Furniture

```
M F H M W P G B R A T I R I D T
T W D B B L A M P A O C K G O W
X J A E C U S H I O N S G O N W
I T L L A C O U C H S H E C A Z
M P O T E S D R E S S E R A E F
A A M Z D A G P I L L O W T H H
H B T Q Y B B Z X U E C S H C O
O X D T U T R A U F O H S R I T
M L S W R O M H I H T A U A P D
L B A R S E Y Y Z D R G T I L R
V D N G Q Y S E F A H V Q C I Ù
D P G I K W P S W R U O D H E M
C U R T A I N S Z H N M M E G G
C N V T G X A B S M W I V M S K
K N Z H Z M K J N O T U F G V B
W U E I E Y D R K C O M M A H O
```

LEABAIDH
FEAR
RÙM
CATHRAICHE
COMHRADH
COUCH
CURTAINS
CUSHIONS
DEASG

DRESSER
FUTON
HAMMOCK
LAMPA
MATTRESS
MOLADH
PILLOW
BRAT
SGEILPICHEAN

81 - Garden

```
C A H T O R C H A R D N W Z V T
Y U P R O I S P B Ù R A K E Y R
A K U E T Ù F L E L M H W O Z A
Z G S E O D D P U F Q C A O N M
Z O S G L R S Z O A U O H F F P
B Y T A X Z A R U K S L Q J E O
V P N R K U P N E D R A G H A L
Z Y B A G H A M M O C K I N N I
U Z W G B S C K E I V D J D S N
O T U L Q U Y Z K T D L K P A E
P X B X X B C U S L Q E W W H H
E B G L G H E W V Q S R L Q V V
G M F M U M M E I D G V K R Y I
Y R K S L O B N N G L A S A C H
M T A Q C J S J E C A R R E T B
F B J S T H M Y O U P E A F Q M
```

FEAR
BUSH
FEANSA
FLÙR
GARAGE
GARDEN
GRAS
HAMMOCK
ORAN
GLASACH

ORCHARD
LOCHAN
RAKE
SLUASAID
ÙIR
TERRACE
TRAMPOLINE
TREE
VINE
HAWK'

82 - Diplomacy

```
O C U R B C Q T B R L C G G H Q
F Ò R C E F Ò H J S N N E Y C Z
P M N K U R E M S E Z U D A E E
E H A L S E Z A H Y K N J C R Q
L L I G E A I N D S I A J O I T
R A G I Ò G V A A S T I H O A P
I A H U L A E È L A B R C B G D
A Q N O A I B D H B R A I R S N
H P O N S R T P G M Q T A A O D
M V D X S T K U A E U I N C T Y
O C È I N A O N I R N A H U C
C R Z G A V C Z R E A A R A E Z
S F H D Z V F H E H Q M O D T T
C A T H A R R A A A A U A H Z M
G J U Q Z F Y O Q D Y H H U H V
P O I L I T I G S B H V S A Z B
```

COMHAIRLE
TOSGAIRE
SHAORANAICH
CATHARRA
CÒMHSTRI
CO-OBRACHADH
IS
URNAIGH
EMBASSY
BEUS-EÒLAS

CÈIN
RIAGHLADH
HUMANITARIAN
CEART
POILITIGS
RANNSACHADH
DÈANAMH
FREAGAIRT
CÒMHLA

83 - Countries #1

```
A A I B I L H F B S W D I S P B
N G M I R E I C N E X U Q U O H
E H P A F A X C N N O I M O B I
A E Y H N C Z M I A H Z L M L E
D A D A N A C I A G W K R A A T
A R N J J O P W L A V C F I C N
I M F I B C J I O L Y A H D H A
L A Q L R O Q K H W K I I H D M
T I E I D R N I P D Q N S D Y O
H L U À R O I C A R O I R C F D
G T B M R M N B B C L À A V X Q
È I P H I T F C H H L M E T E M
Z I O E L D Z J H I F O L N K S
F S P À I N N F C M D R I P Q O
B V N M O N F Q J T Y H P B K K
S S B M G K A I G D F H Q C A F
```

BRAZIL
CANADA
ÈIPHIT
SUOMAIDH
A 'GHEARMAILT
IORAC
ISRAEL
AN EADAILT
WIKI
LIBIA
MÀILI
MOROCO
POBLACHD
NIRRIBHIDH
PANAMA
A 'PHOLAINN
ROMÀINIA
SENAGAL
SPÀINN
BHIETNAM

84 - Immigration

```
L M J Z V B Q G D Ì O N I O A M
E A T N O A L Z S X C U N A P M
R Y G C R Ì O C H A N W K A K R
U M T H D A R T L A N O C N L G
K K R R O Q R O P S X J H E M C
S U I D H E A C H A D H A Ò N D
F I A L N Y E O W E I C I N L L
L X G S I O G C F S G I D A A F
W R A J T F I T A I G H R C Z T
G S E C T Z F L T Ò E B I H A N
N L R F À M I H S R N N A A G H
K Z F C Z N O Z H P Y I N D E W
S T R E S S A R P O R V A H J Y
R M R P C A E N D J N G C J W H
C E A N N L A T H A Y X H I I L
C U Y R R C J X T V L S D S U B
```

RIANACHD
INBHICH
AID
AONTA
CRÌOCHAN
CLANN
CONALTRADH
CEANN-LATHA
MAOIN
TAIGH

CÀNAN
LAGH
NEÒNACHADH
OIFIGEAR
PRÒISEAS
DÌON
SUIDHEACHADH
FREAGAIRT
STRESS

85 - Adjectives #1

```
A P C G L L A L D F H V T F V T
R D A R K A A Q A F W U H V N A
O H P S X D J O M N F A M C O R
M A E N I H T L I J B C L C O R
A P R X Q A C X B D I U H C M A
T P F E A R T A P R H H O Y Ò I
I Y E R J T K O E L U A C H R N
C V C L S A K V F H O S I H O G
F T T R H C A M O R D U C Q H I
L F B X R H L L U M I J S E C
D U B F B B B K J W I G Ò M A H
N U L Z U E G Q R I A W A B V E
H O N E S T I M I X C N I W Y O
A B J T Q A A M Y C S P W K V R
G U M A T H D A L O M C D Q E I
S E J F E U M A I L D H T H D E
```

GU MATH
ADHARTACH
AROMATIC
TARRAINGICHE
BÒIDHEACH
DARK
MOLADH
CHUID
HAPPY
HEAVY
FEUMAIL
HONEST
MÒR
CUDROMACH
PERFECT
IAD
LAOIDH
THIN
LUACH

86 - Technology

```
N F T F B H R A B H S A I R O Y
H H C I A H T A T R A E F R W D
F S E X Z I Y U N S G R Ì N Q C
U W J Y K Z D W O Z M P A P T R
D H N M D C Q H Ì V A J O M M E
C I N U N X B M L Z S H V S A W
U G D Y G Z F A R E F Y L T W C
R G J S L A M N A J H H F A V G
S Z Y Z E C K A D O Ì Z I T E L
O J I Q J A R È A G O L B I Z Z
R B Y T E S T D E G R Q O S U P
W J I B A Q D A V I R U S T Y M
C R U T H C L Ò C M K P G I E E
B A T H A R B O G H N A E C Q M
D À T A U Q Q A Q A Y I A S Y U
R A N N S A C H A D H O V N V X
```

BLOG
BHRABHSAIR
BYTES
CAMARA
RANNSACHADH
CURSOR
DÀTA
DIDSEATACH
FAIDHLE
CRUTH-CLÒ
EADAR-LÌON
FEAR-TATHAICH
SGRÌN
DÈANAMH
BATHAR-BOG
STATISTICS
MAS-FHÌOR
VIRUS

87 - Global Warming

```
B X Z L C T I M D B M P M S S W
I N U Ù H D F R F P N X W X I B
R L E T A N S U N N I G I È L C
I A A H N S L E A S A C H A D H
A O P R E Z O R E A A G Q Q H À
G I T G T I G I H G N N Q T O M
H D D X E A C A D P I Ì S M D R
L H J X G Z C Z I I S O U L N I
A A S Y S I V H O V U M R D G T
D Q O H X T L X A U L H F Z X E
H J J A E R Ì T L Q W A S M J A
À R A I N N E A C H D C D C N C
V O X Q I D V Q P R V H À V U H
H N B T O E Y K C Q W A T H R D
Z M D W A Q B A R N O S A G V C
T Z J T D S C I E N T I S T X D
```

ARTACH
AIRE
TÌRE
ÈIGINN
DÀTA
LEASACHADH
LÙTH
ÀRAINNEACHD
ÀM RI TEACHD
GAS
RIAGHLADH
LAOIDHEAN
GNÌOMHACHAS
LAOIDH
A-NIS
DAOINE
SCIENTIST
CHAN

88 - Landscapes

```
U D V G O O S E U M U Q C C X N
E E O S E A Y U I O R N U E Y O
I L L I H Y V M X U H A M E B M
L Y C V S F S I K N L S Y N O T
E K A L F S R E G T I S W A M P
A E N B Y X U J R A C I A C M T
N C O Y E L L A V I E S B D W V
U A M H H A V Z W N B A H R D R
D Q R A P Z C D R W E O A G D Y
M C E D O Y A H B U R C I O D X
D Y I F N O F E U S G X N W T N
H R C X A U E K Q B C R N K E F
I D A L E W T R E S E D O K X H
K G L C C K U N B S S E A A E N
C X G Y O W A T E R F A L L I V
S R S C J D O U F Q L R C Z Y P
```

BEACH
UAMH
DESERT
GEYSER
GLACIER
HILL
ICEBERG
EILEAN
LAKE
MOUNTAIN

OASIS
OCEAN
RUBHA
ABHAINN
SEA
SWAMP
TUNDRA
VALLEY
VOLCANO
WATERFALL

89 - Plants

```
C F L Ò R A I D H B S F U U E M
D A A H E R C R O O T E I G S R
A S C V H H U Z T B I R F W Y A
I W D T S E R O F D V T X H O G
P Q F L U J F K M K Y I A D Q W
O V L F B S A R G S Q L A T E P
F T O L M C Ù B M A B I S O A L
Y O Z Ù E E R T O E S S E A F A
N E D R A G E A G T Z E R C S O
S T A D N V A N F Z A R P J C I
P E X U Y A C I Q O F N A E B D
X W S I N J M V L D H Y Y B I H
K M K N W R N G F O B E R R Y W
Z O I G Q R I R B L F S E S G E
Q S A H G O J J F D Y T M L M M
U S O W Q W A Z X G K Z B Z P K
```

BAMBÙ
BEAN
BERRY
BOTANY
BUSH
CACTUS
FERTILISER
FLÒRAIDH
FLÙR
FOLIAGE
FOREST
GARDEN
GRAS
IVY
MOSS
PETAL
ROOT
STAD
TREE
LAOIDH

90 - Countries #2

```
A G U E M A I D L C Z E I X P L
N N A D U S X A J E M A R F I À
T L D T W Z H L U M A Y N E K T
H Q A A G S Y V N P O B S Y E H
R M X E N X Y K F V N Y A H U O
I A P A N M P Q O A E S E N P S
G H G Y O S H U U F A O I P O L
A G H R È I G A U V P M H A C N
J B U K U U B L I T À À A C I N
H E G B M R X V J R L I I A X Y
Y E M E N N I R A I C L T S E S
F I N F Z A A I S È H I I T M N
N I G È I R I A J B Q A Z A V C
A L B À I N I A F I H Q L N I T
U G R A I N M P Q L D M V X T F
F H Y Y X D L L T J D H Q K K N
```

ALBÀINIA
AN DANMHAIRC
NA
A 'GHRÈIG
HAITI
DIAMEUGA
IAPAN
KENYA
LÀTHOS
LEABANON
LIBÈIR
MEXICO
NEAPÀL
NIGÈIRIA
PACASTAN
AN RUIS
SOMÀILIA
SUDAN
YEMEN
UGRAIN

91 - Adjectives #2

```
J  B  I  X  W  I  Y  P  E  E  L  S  J  U  L  R
J  R  C  F  W  S  O  W  L  X  B  P  E  I  L  Z
À  Z  P  Ù  G  Y  Q  E  F  C  I  L  G  U  M
B  G  R  W  U  O  I  Q  G  J  R  Y  Z  V  B  R
H  A  O  W  V  T  O  H  A  N  À  D  A  R  R  A
A  T  U  F  K  S  H  C  N  S  R  D  R  I  A  S
I  H  D  I  A  L  N  A  T  Y  T  L  A  S  I  K
S  O  C  A  B  À  H  E  C  U  Q  R  F  C  C  J
T  I  V  D  H  I  X  N  J  H  T  P  O  Ì  C  B
E  R  X  H  I  N  G  N  W  R  A  K  M  N  O  H
A  T  O  A  T  T  L  I  E  M  N  I  A  U  G  R
C  W  R  I  H  E  D  T  Y  C  U  O  L  N  U  N
H  X  I  C  A  F  D  N  D  R  À  M  A  I  T  Z
W  F  G  H  Q  A  R  N  R  Z  G  V  M  X  J  M
D  G  U  Y  K  E  V  I  T  P  I  R  C  S  E  D
Y  P  J  M  R  I  C  F  R  E  A  G  R  A  C  H
```

FÌOR	NÀDARRA
CRUTHACHAIL	ÙR
DESCRIPTIVE	ÀBHAISTEACH
DRÀMA	A BHITH A
ELEGANT	PROUD
AINMEIL	FREAGRACH
GA THOIRT	SALTY
SLÀINTE	SLEEPY
HOT	STRONG
INNTINNEACH	FIADHAICH

92 - Psychology

```
C A T H O U G H T S F Q F U O A
M L P H A Q F B I O R N D C I R
E N I A H C A E N H M I U C R X
A Q T N A D H C A E B Y S U T I
S E G O I U U I Z D P E A R S A
A H D A H C A R S O I F Q H H B
D R F I B J A D R E A M S Z M F
H W C J M N A L Ù I G E B M Ò G
E M O T I O N S D Z A Z J S C J
C E A N N I P B A C L B G J H T
C O G N I T I O N E G I Ò H A U
S W L Y E A X E K M H L U Z J G
J O E E Q S A D A E H G L I U D
S S R H O N I J O W D L I Q U P
N J K A X E M Q C S Y A D E O N
S U O I C S N O C B U S B E L C
```

MEASADH
GIÙLAN
A H-ÒIGE,
CLINICAL
COGNITION
CÒMHSTRI
DREAMS
EGO
EMOTIONS
BEACHDAN
CUIMHNEACHAIN
CEANN
PEARSA
DUILGHEADAS
FIOSRACHADH
SENSATION
SUBCONSCIOUS
LEIGHEAS
THOUGHTS

93 - Activities

```
H W S X E S P G N L I G S R G P
D I Z L O E L S S E H G I F F L
A S K B B A C O U U D C K N J E
P A N I A L A E H G I P S Q J A
M Q S M N G L F C H O S S Q K S
A C I W S G T M Y A A E O O U U
C P E A N T A D H D L Ò R U R R
Y H P A R G O T O H P R S P S E
M G D O M A G I C M E R I Z A B
I W Q A Q A H N I O P E I Z Y I
N A D A H C A E S R U C W X B F
D S S F Q J V I B A W G I J C E
L N P G H Y H O N C E A J Y Q L
Z N Y G A C H P W S X L X W C P
G A U O Q I C B P C R N C I F G
R D J K A D R I Ù I C R I A B O
```

CLEAS
EALAIN
CAMPADH
OBAIR-CIÙIRD
DANNSA
IASGAIR
HIKING
SEALG
FIGHE

CUR-SEACHADAN
MAGIC
PEANTADH
PHOTOGRAPHY
PLEASURE
LEUGHADH
LAOIDH
SEÒRR
SGIL

94 - Business

```
A C W M S I F I O P M X J D N M
V I S F A D H C A E T M Z G Z D
L V R D L P H D I A R A T C A F
Z N S G E Y H C R C P A Y P A L
B O Q K E N Q B G L O Y E O D T
A Ù W F L A N X E M A S Q U T B
J B T A I P D V A A Q E T Y A U
C U E H È M V R D X N D W A P I
A I E D H O W E A R D E S A S P
R D Z A C C F O S G L A D H I K
A S R G M Ò R A N B A T H A I R
I E S S E A C O N O M A I D H U
D A R A E S D I A N A M H Q L B
E T H T E F I O N M H A S H H K
F P E C Ì S E A N E P J Q Y W Y
K A U L T C T H R N H W S B N P
```

BUIDSEAT
CARAID
COMPANY
COSTAS
AIRGEADRA
PAYPAL
EACONOMAIDH
FOSGLADH
CHÈILE
FACTARAIDH

IONMHAS
TEACHD
TASGADH
MANAIDSEAR
MÒRAN BATHAIR
AIRGEAD
OIFIS
SALE
BÙTH
CÌSEAN

95 - The Company

```
Q I Q T E H O V A R R G A C A C
S O H E N N I U R C C N I P M À
C N D C A H V E H I R Ì E R K I
E M À G T Z J U D P U O A K Y L
L H H S R T M M A Y T M D E T E
O A B A A B V B N W H H H R A A
C S A N N E X F Ù Y A A A E S C
N L G Ò N V R C H H C C R K G H
V K I B U K Y I D Y H H T P A D
H D H Ù C O U W O O A A A R D I
E U H D A N S O C G I S S O H C
A O N A I D Q D W V L R P D W M
P R O I F E I S E A N T A U C Y
Ù R G H N À T H A C H B X C T O
T A I S B E A N A D H Z M T P A
T U A R A S T A L A N M E F B C
```

BÒNAS
CRUTHACHAIL
CO-DHÙNADH
COSNADH
CRUINNE
GNÌOMHACHAS
ÙR-GHNÀTHACH
TASGADH
GABHADH
TAISBEANADH

PRODUCT
PROIFEISEANTA
ADHARTAS
CÀILEACHD
CLIÙ
GOIREASAN
IONMHAS
CUNNARTAN
AONAID
TUARASTALAN

96 - Literature

```
F S T È I D H T S P T K U N S C
H I Z W K Q W G M O G U A J T O
K Z C C P I H P K E G D R O O D
R P Z T F N K O M T J J V S I H
A H J S I A A V Z I T Z U U D Ù
D I Y F N O R O Y C R H E J H N
H C O M B H N A N A L O G Y L A
G S D C E U G O L A I D F A E D
Ù B M M I O N S G R Ù D A D H H
T U I R E A D H Q T M T F L E D
C O I M E A S M N À D H C A E B
A N E C D O T E I X X E T B U Y
V S E S A U X K V J S M N Y T Z
J K Y E U M B O W W D A R O H S
T R A I D S E A D A I D H J D R
N O B H A I L M E T A P H O R E
```

ANALOGY
MION-SGRÙDADH
ANECDOTE
ÙGHDAR
COIMEAS
CO-DHÙNADH
TUIREADH
DIALOGUE
FICTION
METAPHOR
STÈIDH
NOBHAIL
BEACHD
DÀN
POETIC
RHYME
RHYTHM
STOIDHLE
THEMA
TRAIDSEADAIDH

97 - Geography

```
R F X Y A V I P F C T Z Q N N G
Q B J A R W G N D Q S P O X P Q
I S T D U E L N A H M O D T T D
M N Y Ù N N I A T N A E L ' A M
Z Y C T N A B I E E H L W H B D
H S B H I I H R M S L H N B A T
S X X C A D E A Y O Y I O A Z Z
I A R H H I M M Z X I T I L O P
O R S A B R I H E Z N R G T C C
X N W S A E S A L T A V E I E I
T U A T H M P P S G B Y R T A T
T L C E P F H A I Z L Z K U N Y
I Q C D L L E R I D N P L D F P
X J Q I P I R D E A S X U E M V
Q D H Q C H E T S A O G H A I L
Z G S I W S F Y Y A Z P Y F H W
```

ALTITUDE
ATLAS
CITY
A 'LEANTAINN
DÙTHCHAS
HEMISPHERE
EILEAN
DOMHAN-LEUD
AIR A ' MHAPA
MERIDIAN
MOIRE
TUATH
OCEAN
REGION
ABHAINN
SEA
DEAS
RI
IAR
T-SAOGHAIL

98 - Jazz

```
X A L E Q A R T S E H C R O M D
L R G L C P C H D A R H M O C R
A U R R E I Y Z B L T D Z B S U
C X C M Ò Z S J A S A G B T M
E F X H L U G C M I L H G J O A
C N U T D T R E C N O C E H I I
C U S Y Ù C U Q C Q R A A H D C
G X H H D R I Ò W T S S D D H H
M A S R Ò E S Ù R N Q A H C L E
C U I D E A M G I A A E A L E A
R D A I N M E I L L N L O À U N
T E C H N I Q U E À Z R I R N T
J Y Z J R Y B S E T Z B S K O A
F A I G H I N N D N A Y T J S R
U X N E J J Y C R D O D L K G F
B K Z Y E B T I E C E Z G L U K
```

CLÀR
EALAIN
COMHRADH
CONCERT
DRUMAICHEAN
CUIDEAM
AINMEIL
FAIGHINN
SEÒRSA
LEASACHADH

CEÒL
LUCHD-CIÙIL
ÙR
A DH'AOIS
ORCHESTRA
RHYTHM
ÒRAN
STOIDHLE
TÀLANT
TECHNIQUE

99 - Nature

```
X O Y O R X E M N J P U S V A A
À P N H K A D E A T A M A C H I
I J I X Y R A U T C N A S P F N
L K R K H T X E R E I C A L G M
L H V N C A U E E N A E B U E
E B U C A C A Z S E D E J Y H A
U K W U E H D A E R U G Ò L I C
D V U Q G S A V D E C A F I P H
A B H A I N N D E S M I I A L A
E Y C E A F S F K N S L A R I D
Z U O E P J A J Q O J O D A A H
N Q F O O M T S E R O F H T H X
O T H N R A A G G Q X N A L T M
J K X B T U N S P A B S I U O M
V M S V G H Y A G U D N C H E M
U O D L R L P U K G Y H H C B C
```

AINMEACHADH
ARTACH
ÀILLE
BEAN
NEÒIL
DESERT
BEOTHAIL
FOLIAGE
FOREST

GLACIER
CHULTARAIL
ABHAINN
SANCTUARY
SERENE
FASGADH
TROPAIGEACH
DEATAMACH
FIADHAICH

100 - Vacation #2

```
C C È I N S C U Y M Q F S K Y Z
T H K A C E N A E H D I A L O M
A C E P G A A T M D B X R P W X
C A C A B R È S I P R Q U A A A
S E I H N W R Ò D B A D T S I L
A B S M N N T H Z H I D U S R A
I U O A I I U G F K V K H P P O
D S I R E N G I E R O F N O O I
H P W I I S H A D I Q A L R R D
I K T A S I V T F H L Z L T T H
C Ò M H D H A I L R E E E O N F
L M P V Z A B I F X Z G A Y E Z
Y V F R E E X G F P Q E Q N T X
C U R S E A C H A D A N F H D B
I Q E S D I E D U W H H D X V W
V J I Q C R Z N K Q W T A U Z D
```

AIRPORT
BEACH
CAMPADH
CHEANN-UIDHE
CÈIN
FOREIGNER
LAOIDH
TAIGH-ÒSTA
EILEAN
TURAS
CUR-SEACHADAN
AIR A' MHAPA
PASSPORT
MOLAIDHEAN
SEA
TACSAIDH
TENT
TRÈAN
CÒMHDHAIL
VISA

1 - Antiques

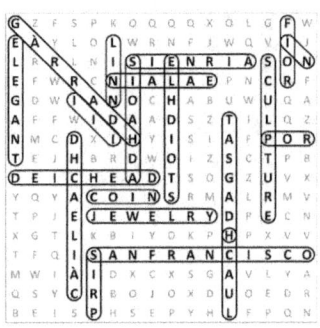

4 - Farm #2

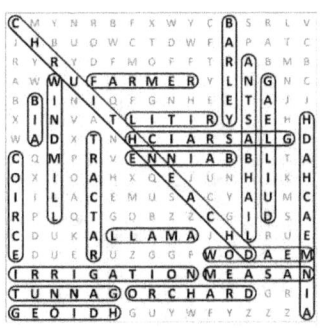

7 - Days and Months

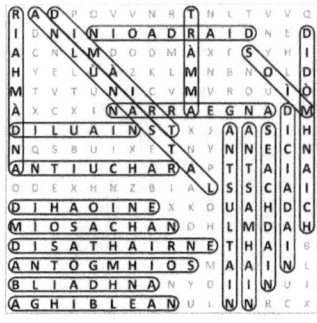

10 - Food #2

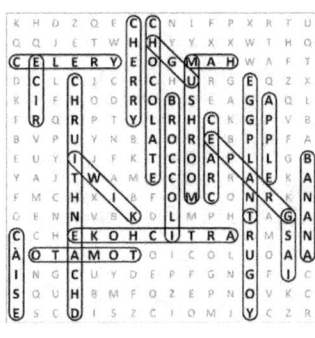

2 - Food #1

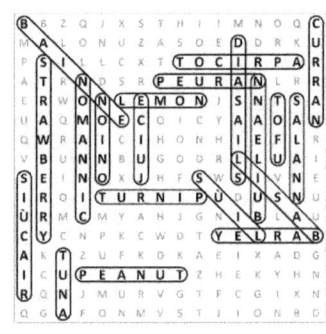

5 - Books

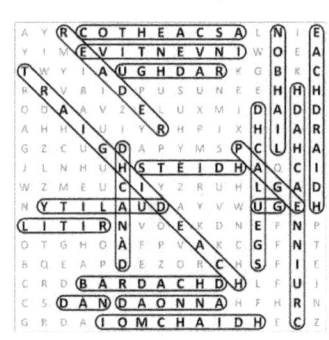

8 - Energy

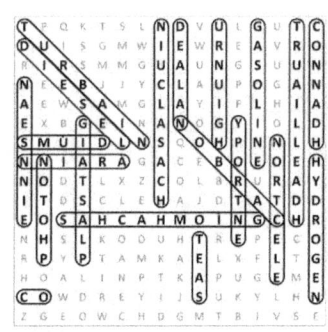

11 - Chemistry

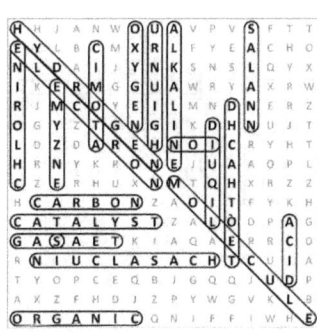

3 - Measurements

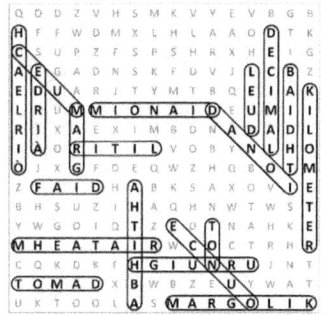

6 - Meditation

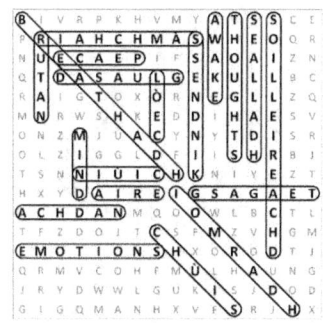

9 - Archeology

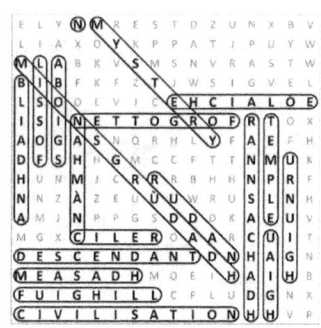

12 - Music

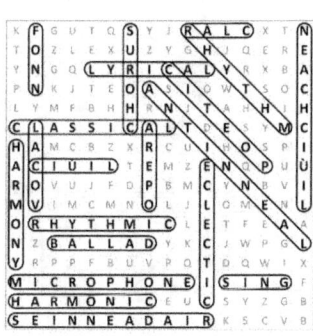

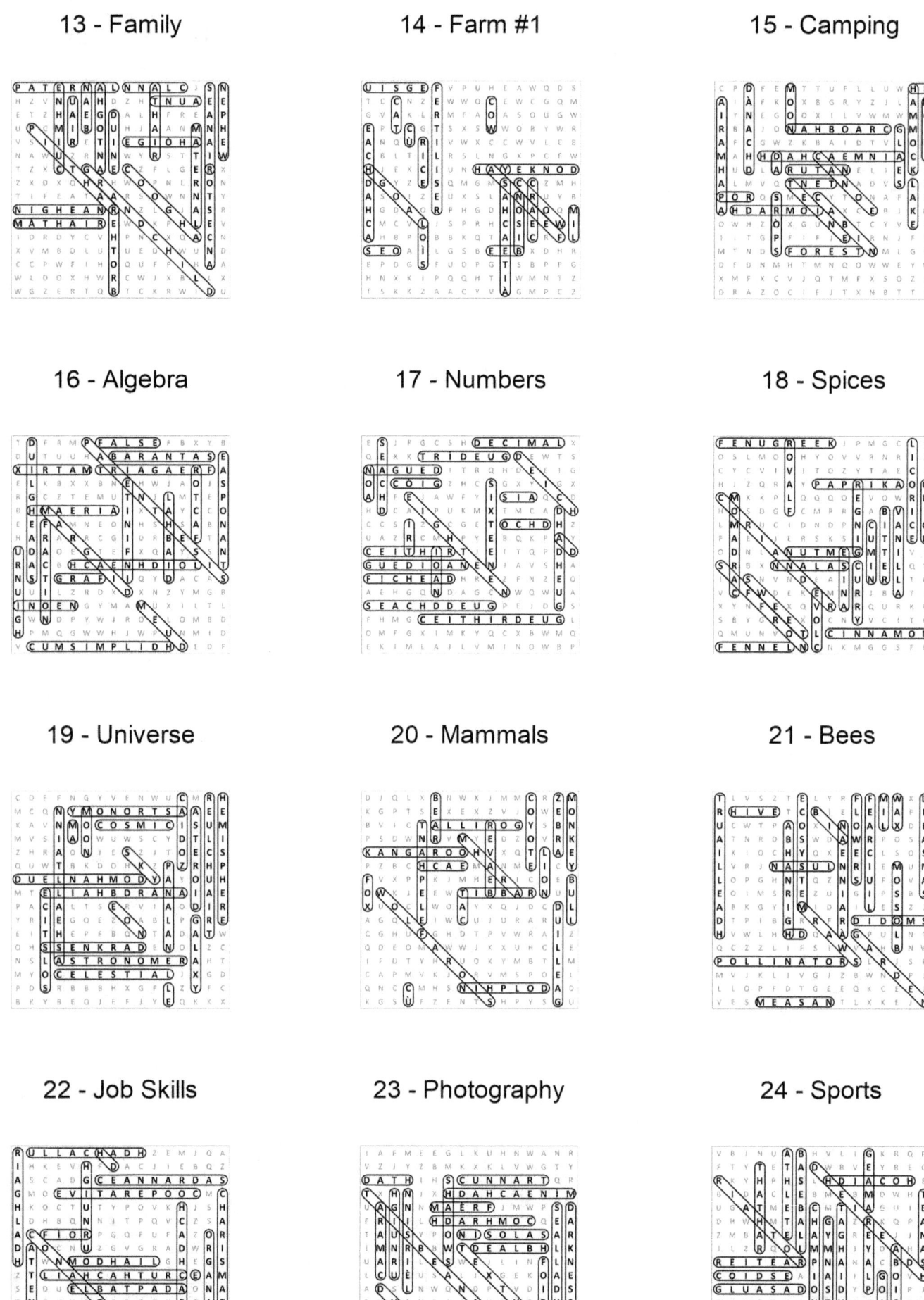

25 - Weather
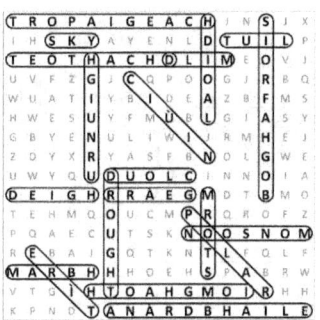

26 - Adventure
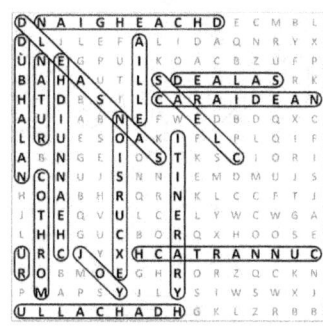

27 - Sport
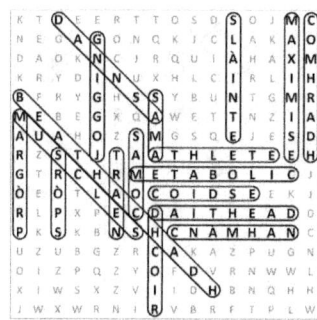

28 - Restaurant #2
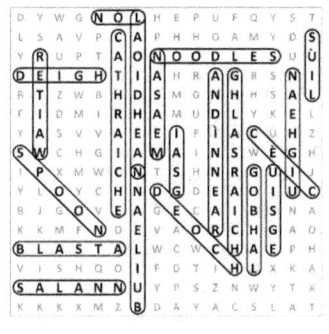

29 - Geology
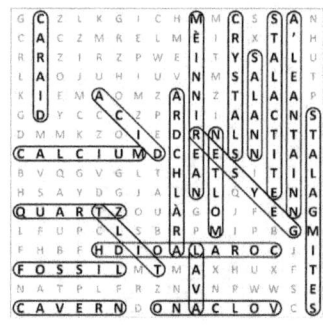

30 - House
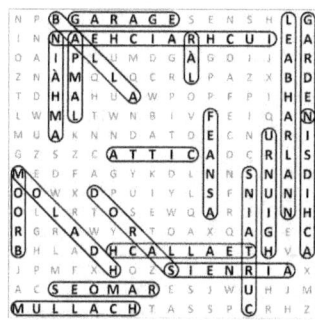

31 - Physics
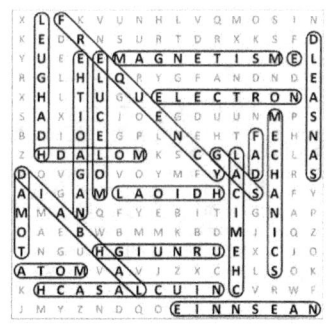

32 - Colors
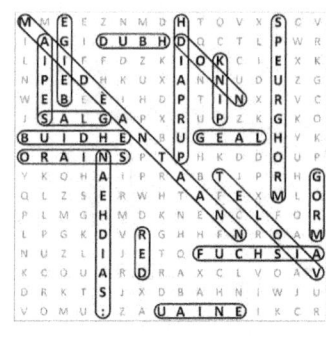

33 - Climbing
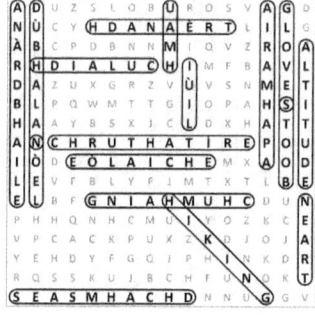

34 - Shapes
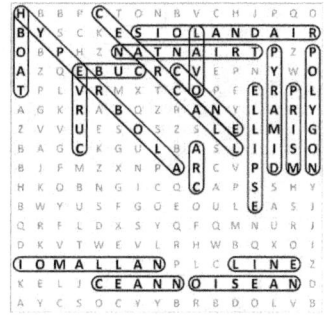

35 - Scientific Disciplines

36 - Science
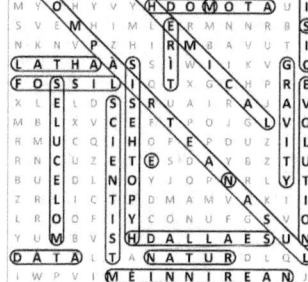

37 - Beauty
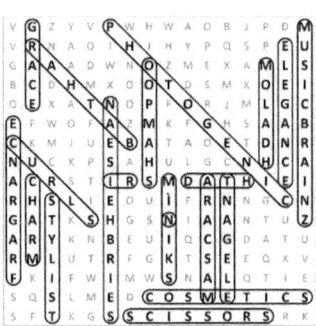

38 - Clothes

39 - Ethics
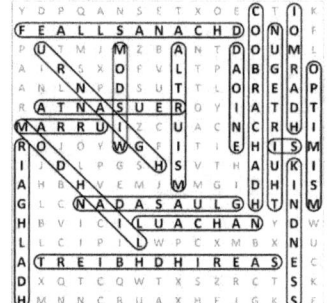

40 - Insects
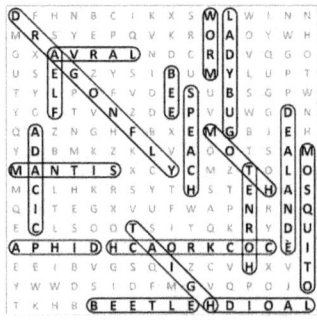

41 - Astronomy
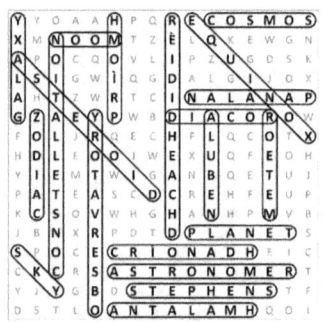

42 - Health and Wellness #2
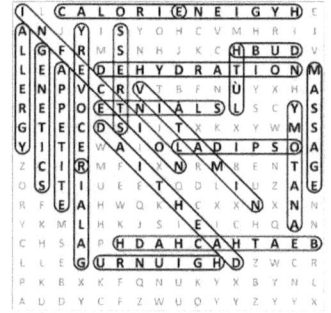

43 - Disease
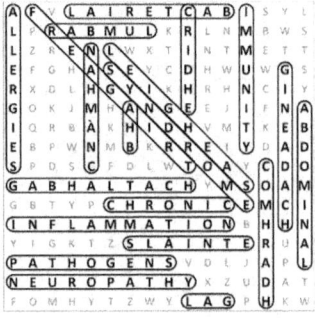

44 - Time
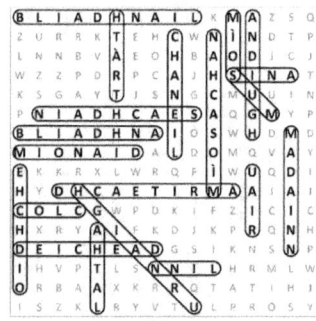

45 - Buildings
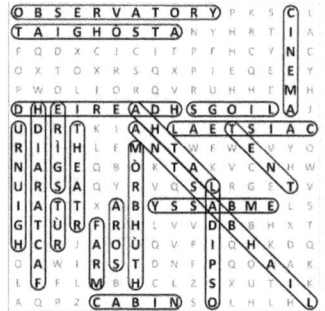

46 - Philanthropy
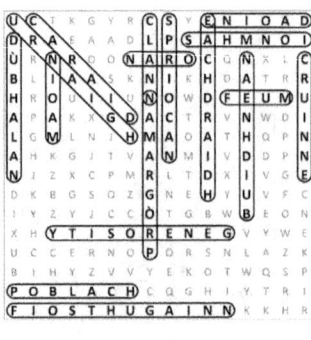

47 - Gardening
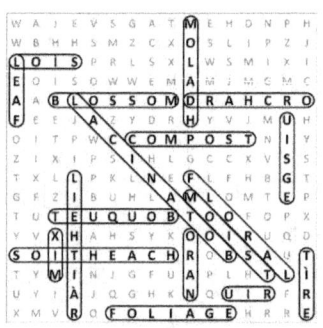

48 - Herbalism
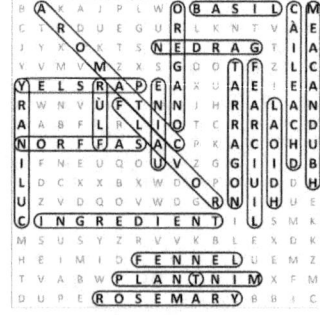

49 - Vehicles
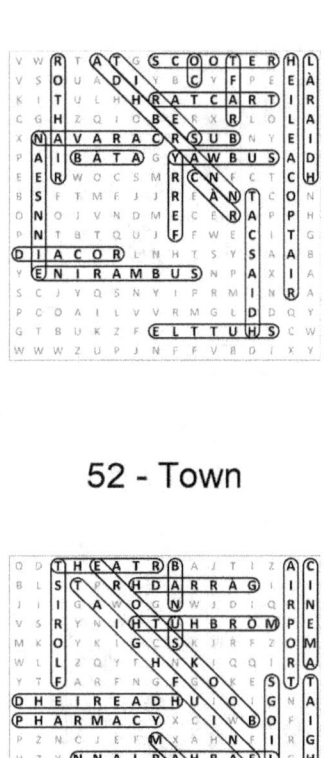

50 - Flowers
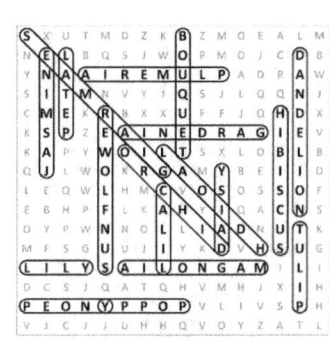

51 - Health and Wellness #1
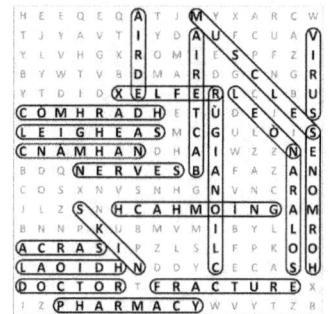

52 - Town
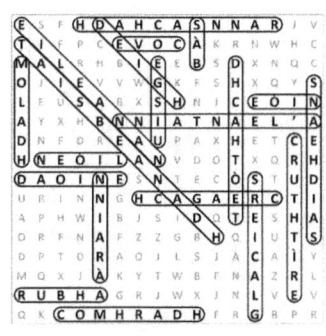

53 - Antarctica
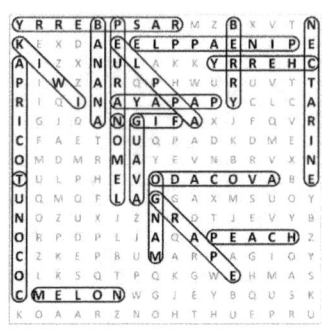

54 - Human Body
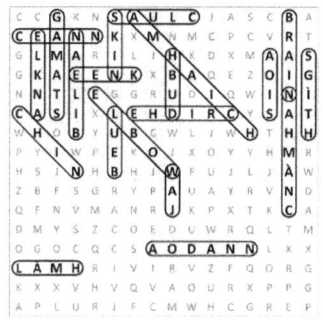

55 - Musical Instruments
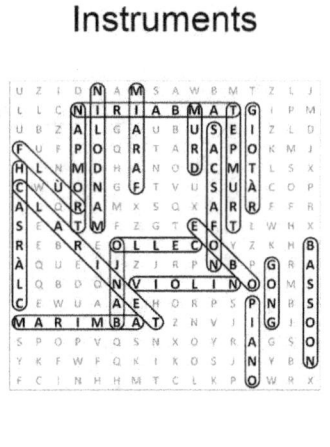

56 - Fruit
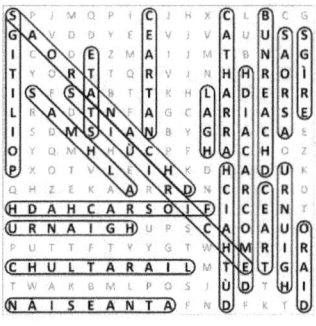

57 - Engineering
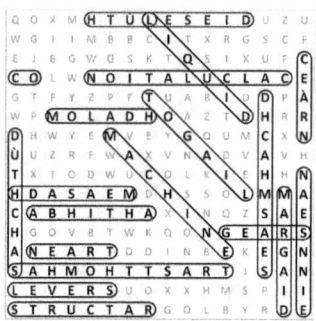

58 - Kitchen
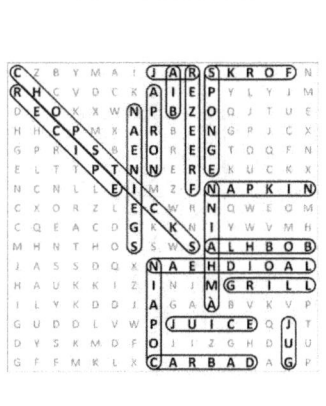

59 - Government
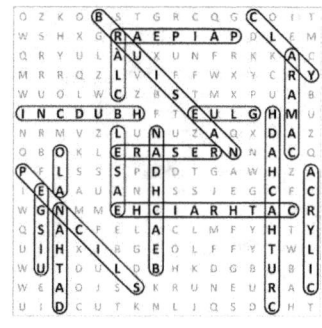

60 - Art Supplies

61 - Science Fiction

62 - Geometry

63 - Airplanes

64 - Ocean

65 - Birds

66 - Art

67 - Nutrition

68 - Hiking

69 - Professions #1

70 - Barbecues

71 - Chocolate

72 - Vegetables

73 - The Media

74 - Boats

75 - Driving

76 - Biology

77 - Professions #2

78 - Agronomy

79 - Hair Types

80 - Furniture

81 - Garden

82 - Diplomacy

83 - Countries #1

84 - Immigration

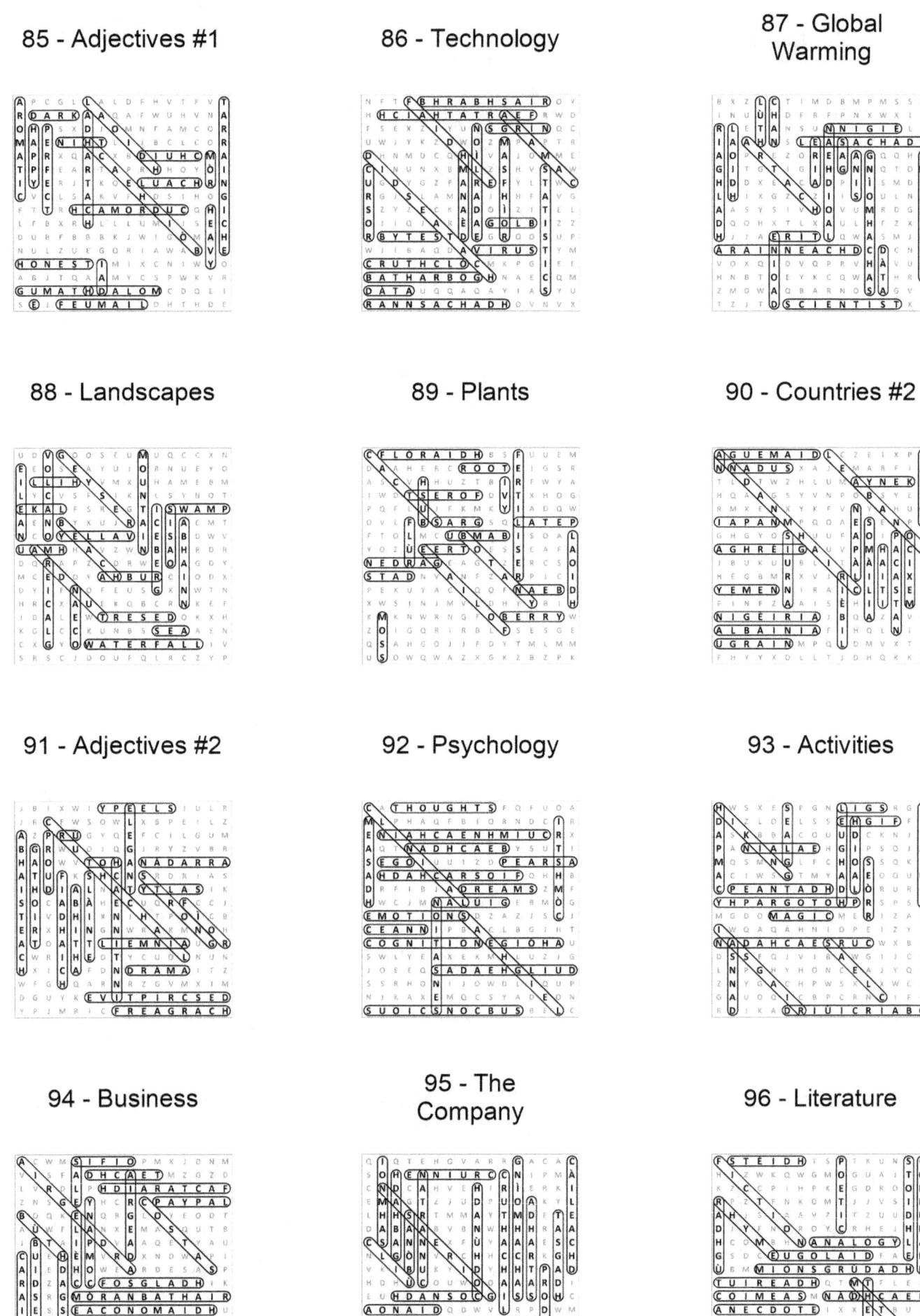

97 - Geography

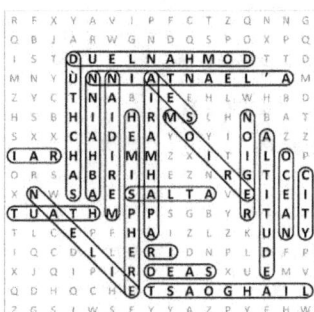

98 - Jazz

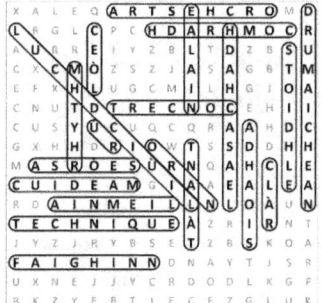

99 - Nature

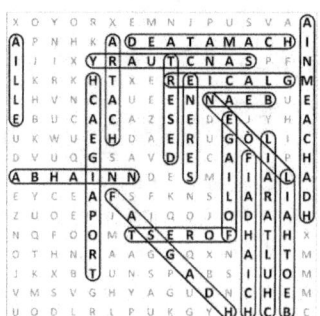

100 - Vacation #2

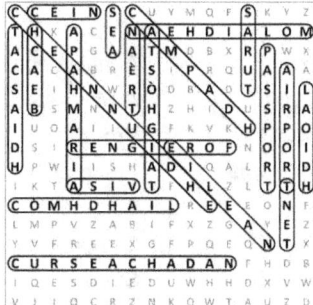

Dictionary

Activities
Gnìomhan

Activity	Cleas
Art	Ealain
Camping	Campadh
Crafts	Obair-Ciùird
Dancing	Dannsa
Fishing	Iasgair
Hiking	Hiking
Hunting	Sealg
Knitting	Fighe
Leisure	Cur-Seachadan
Magic	Magic
Painting	Peantadh
Photography	Photography
Pleasure	Pleasure
Reading	Leughadh
Relaxation	Laoidh
Sewing	Seòrr
Skill	Sgil

Adjectives #1
Buadhairean # 1

Absolute	Gu Math
Ambitious	Adhartach
Aromatic	Aromatic
Attractive	Tarraingiche
Beautiful	Bòidheach
Dark	Dark
Exotic	Moladh
Generous	Chuid
Happy	Happy
Heavy	Heavy
Helpful	Feumail
Honest	Honest
Huge	Mòr
Important	Cudromach
Perfect	Perfect
Quiet	Iad
Serious	E
Slow	Laoidh
Thin	Thin
Valuable	Luach

Adjectives #2
Buadhairean # 2

Authentic	Fìor
Creative	Cruthachail
Descriptive	Descriptive
Dramatic	Dràma
Elegant	Elegant
Famous	Ainmeil
Gifted	Ga Thoirt
Healthy	Slàinte
Hot	Hot
Interesting	Inntinneach
Natural	Nàdarra
New	Ùr
Normal	Àbhaisteach
Productive	A Bhith A
Proud	Proud
Responsible	Freagrach
Salty	Salty
Sleepy	Sleepy
Strong	Strong
Wild	Fiadhaich

Adventure
Dàn-Thuras

Activity	Cleas
Beauty	Àille
Challenges	Dùbhalan
Chance	Cothrom
Dangerous	Cunnartach
Destination	Cheann-Uidhe
Difficulty	Dleasnas
Enthusiasm	Dealas
Excursion	Excursion
Friends	Caraidean
Itinerary	Itinerary
Joy	Joy
Nature	Natur
Navigation	Naigheachd
New	Ùr
Preparation	Ullachadh
Safety	Sàbhailteachd

Agronomy
Agronomy

Agriculture	Àiteachas
Diseases	Clò
Ecology	Ecology
Energy	Lùth
Environment	Àrainn
Farming	Fear
Fertilizer	Fertiliser
Food	Bia
Growth	Fàs
Organic	Organic
Plants	Lusan
Pollution	Truailleadh
Production	Saothrachaidh
Rural	Dùthchail
Science	Saidhean
Seeds	Sìol
Study	Sgrùdadh
Systems	Siostaman
Vegetables	Ghlasraich
Water	Uisge

Airplanes
Plèanaichean

Adventure	Dànachd
Air	Adhair
Altitude	Altitude
Atmosphere	An Àrd-Bhaile
Balloon	Balloon
Construction	Togail
Crew	Crew
Descent	Tuirling
Design	Dearadh
Engine	Einnsean
Fuel	Connadh
Height	Àirde
History	Eachdraidh
Hydrogen	Hydrogen
Landing	Talamh
Passenger	Passenger
Pilot	Pìleat
Propellers	Laoidhean
Sky	Sky
Turbulence	Turbulence

Algebra
Ailseabra

Diagram	Diagram
Equation	Urnuigh
Exponent	Easponant
Factor	Factor
False	False
Formula	Diabhal
Fraction	Fraction
Graph	Graf
Infinite	Infinite
Linear	Loidhneach
Matrix	Matrix
Number	Àireamh
Parenthesis	Parenthesis
Problem	Duilgheadas
Quantity	Meud
Simplify	Cum Simplidh
Solution	Freagairt
Variable	Barantas
Zero	Neoni

Antarctica
An Antartaig

Bay	Bàs
Birds	Eòin
Clouds	Neòil
Conservation	Comhradh
Continent	A 'leantainn
Cove	Cove
Environment	Àrainn
Expedition	Taisbeanadh
Geography	Daoine
Glaciers	Glaciers
Ice	Deigh
Islands	Eileanan
Migration	Moladh
Peninsula	Rubha
Researcher	Rannsachadh
Rocky	Creagach
Scientific	Saidheans
Temperature	Teòthachd
Topography	Cruth-Tìre
Water	Uisge

Antiques
Seann Rudan

Art	Ealain
Auction	Rop
Authentic	Fìor
Century	Linn
Coins	Coin
Decades	Deichead
Decorative	San Francisco
Elegant	Elegant
Furniture	Àirneis
Gallery	Gàrradh
Investment	Tasgadh
Item	Nì
Jewelry	Jewelry
Old	A Dh'Aois
Price	Pris
Quality	Càileachd
Restoration	Iii
Sculpture	Sculpture
Style	Stoidhle
Value	Luach

Archeology
Archeology

Analysis	Mion-Sgrùdadh
Bones	Cnàmhan
Civilization	Civilisation
Descendant	Descendant
Era	N
Evaluation	Measadh
Expert	Eòlaiche
Forgotten	Forgotten
Fossil	Fossil
Fragments	Fuighill
Mystery	Mystery
Objects	Rudan
Relic	Relic
Researcher	Rannsachadh
Team	Sgioba
Temple	Temple
Tomb	Uaigh
Unknown	Urnuigh
Years	Bliadhna

Art
Ealain

Ceramic	Ceramic
Complex	Iom-Fhillte
Composition	Comhradh
Create	Cruthaich
Expression	Iomradh
Honest	Honest
Inspired	Brosnachadh
Mood	Mood
Original	Chiad Dreach
Paintings	Dealbhan
Personal	Pearsanta
Poetry	Bàrdachd
Sculpture	Sculpture
Simple	Simplidh
Subject	Urnuigh
Surrealism	Surrealism
Symbol	Samhla
Visual	Lèirsinn

Art Supplies
Ealain Bathair

Acrylic	Acrylic
Brushes	Bruisean
Camera	Camara
Chair	Cathraiche
Clay	Clay
Colors	Dathan
Creativity	Cruthachadh
Easel	Easel
Eraser	Eraser
Glue	Glue
Ideas	Beachdan
Ink	Inc Dubh
Oil	Ola
Paper	Pàipear
Pencils	Pencils
Table	Clàr
Water	Uisge
Watercolors	Watercolors

Astronomy
Reul-Eòlas

Asteroid	Asteroid
Astronaut	Prìomh
Astronomer	Astronomer
Constellation	Constellation
Cosmos	Cosmos
Earth	An Talamh
Eclipse	Crìonadh
Equinox	Equinox
Galaxy	Galaxy
Meteor	Meteor
Moon	Moon
Nebula	Nebula
Observatory	Observatory
Planet	Planet
Radiation	Rèididheachd
Rocket	Rocaid
Sky	Sky
Solar	Panalan
Supernova	Stephens
Zodiac	Zodiac

Barbecues
Barbecues

Chicken	Cearc
Children	Clann
Dinner	An Dìnnear
Family	Teaghlach
Food	Bia
Forks	Forks
Friends	Caraidean
Fruit	Measan
Games	Na Geamannan
Grill	Grill
Hot	Hot
Hunger	Acras
Knives	Sgeinean
Music	Ceòl
Salads	Salads
Salt	Salann
Sauce	Sauce
Summer	As T-Samhradh
Tomatoes	Tomatoes
Vegetables	Ghlasraich

Beauty
Bòidhchead

Charm	Charm
Color	Dath
Cosmetics	Cosmetics
Curls	Curls
Elegance	Elegance
Elegant	Elegant
Fragrance	Fragrance
Grace	Grace
Lipstick	Ri
Mascara	Mascara
Mirror	Moladh
Photogenic	Photogenic
Products	Bathar
Scent	Musicbrainz
Scissors	Scissors
Services	Seirbheisean
Shampoo	Shampoo
Skin	Skin
Smooth	Mìn
Stylist	Stylist

Bees
Seilleanan

Beneficial	Fear-Ciuil
Blossom	Blossom
Diversity	Dleasnas
Ecosystem	Ecosystem
Flowers	Flowers
Food	Bia
Fruit	Measan
Garden	Garden
Habitat	Àrainnean
Hive	Hive
Honey	Mil
Insect	Dh'
Plants	Lusan
Pollen	Truailleadh
Pollinator	Pollinator
Queen	A' Bhanrigh
Smoke	Smo
Sun	Dido
Swarm	Swarm
Wax	Wax

Biology
Bith-Eòlas

Anatomy	Anatomy
Bacteria	Bacteria
Cell	Cealla
Chromosome	Chromosome
Collagen	Collagen
Embryo	Embryo
Enzyme	Enzyme
Evolution	Evolution
Hormone	Hormone
Mammal	Beathach
Mutation	Mutation
Natural	Nàdarra
Nerve	Nerve
Neuron	Neuron
Osmosis	Osmosis
Pathogen	Pathogen
Protein	Protain
Reptile	Reptile
Symbiosis	Symbiosis
Synapse	Synapse

Birds
Eòin

Canary	Canary
Chicken	Cearc
Crow	Crow
Cuckoo	Chuthag
Dove	Dove
Duck	Tunnag
Eagle	Eagle
Egg	Ugh
Flamingo	Flamingo
Goose	Goose
Gull	Gull
Hawk	Hawk
Ostrich	Ostrich
Parrot	Parrot
Peacock	Peacog
Pelican	Pelican
Sparrow	Emma
Stork	Stork
Swan	Eala
Toucan	Toucan

Boats
Bàtaichean

Anchor	Acair
Buoy	Buoy
Canoe	Canoe
Crew	Crew
Dock	Doc
Engine	Einnsean
Ferry	Ferry
Kayak	Kayak
Lake	Lake
Lifeboat	Lifeboat
Mast	Mast
Ocean	Ocean
Raft	Raft
River	Abhainn
Rope	Ròp
Sailboat	Sailboat
Sailor	Sailor
Sea	Sea
Tide	- Làn
Yacht	Yacht

Books
Leabhraichean

Adventure	Dànachd
Author	Ùghdar
Collection	Cruinneachadh
Context	Co-Theacsa
Duality	Duality
Epic	Gu
Historical	Eachdraidh
Humorous	Daonna
Inventive	Inventive
Literary	Litir
Narrator	Stèidh
Novel	Nobhail
Page	Page
Poem	Dàn
Poetry	Bàrdachd
Reader	Reader
Relevant	Iomchaidh
Story	Sgeulachd
Tragic	Traighideach
Written	Sgrìobhadh

Buildings
Togalaichean

Apartment	Àros
Barn	An T-Sabhail
Cabin	Cabin
Castle	Caisteal
Cinema	Cinema
Embassy	Embassy
Factory	Factaraidh
Farm	Farm
Hospital	Ospidal
Hostel	Sgìre
Hotel	Taigh-Òsta
Laboratory	Latha
Observatory	Observatory
School	Sgoil
Stadium	Dheireadh
Supermarket	Mòr-Bhùth
Tent	Tent
Theater	Theatr
Tower	Tùr
University	Urnuigh

Business
Gnìomhachas

Budget	Buidseat
Career	Caraid
Company	Company
Cost	Costas
Currency	Airgeadra
Discount	Paypal
Economics	Eaconomaidh
Employee	Fosgladh
Employer	Chèile
Factory	Factaraidh
Finance	Ionmhas
Income	Teachd
Investment	Tasgadh
Manager	Manaidsear
Merchandise	Mòran Bathair
Money	Airgead
Office	Oifis
Sale	Sale
Shop	Bùth
Taxes	Cìsean

Camping
Campachadh

Adventure	Dànachd
Animals	Ainmeachadh
Cabin	Cabin
Canoe	Canoe
Compass	Iomradh
Fire	Teine
Forest	Forest
Fun	Spòrs
Hammock	Hammock
Hat	Ad
Hunting	Sealg
Insect	Dh'
Lake	Lake
Map	Air a ' Mhapa
Moon	Moon
Mountain	Moire
Nature	Natur
Rope	Ròp
Tent	Tent
Trees	Craobhan

Chemistry
Ceimigeachd

Acid	Acid
Alkaline	Alkaline
Atomic	Atomic
Carbon	Carbon
Catalyst	Catalyst
Chlorine	Chlorine
Electron	Electron
Enzyme	Enzyme
Gas	Gas
Heat	Teas
Hydrogen	Hydrogen
Ion	Ion
Liquid	Liquid
Molecule	Molecule
Nuclear	Niuclasach
Organic	Organic
Oxygen	Oxygen
Salt	Salann
Temperature	Teòthachd
Weight	Urnuigh

Chocolate
Chocolate

Antioxidant	Antioxidant
Bitter	Bitter
Cacao	Cacao
Calories	Calories
Candy	Cola
Caramel	Caramel
Coconut	Coconut
Delicious	Blasta
Exotic	Moladh
Flavor	Flavor
Ingredient	Ingredient
Peanuts	Peanuts
Powder	Jump
Quality	Càileachd
Recipe	Recipe
Sugar	Siùcair
Sweet	Sweet
Taste	Blas

Climbing
Streap

Altitude	Altitude
Atmosphere	An Àrd-Bhaile
Boots	Boots
Cave	Uamh
Challenges	Dùbhalan
Expert	Eòlaiche
Gloves	Gloves
Guides	Iùil
Helmet	Culaidh
Hiking	Hiking
Injury	Leòn
Map	Air a ' Mhapa
Narrow	Chumhaing
Physical	S
Stability	Seasmhachd
Strength	Neart
Terrain	Chrutha-Tìre
Training	Trèanadh

Clothes
Aodach

Apron	Apron
Belt	Na H-Alba
Blouse	Blouse
Bracelet	Bracelet
Coat	Mapa
Dress	Doctor
Fashion	Fasain
Gloves	Gloves
Hat	Ad
Jacket	Seacaid
Jeans	Jeans
Jewelry	Jewelry
Pajamas	Pajamas
Pants	Pants
Sandals	Sandals
Scarf	Scarf
Shirt	Lèine
Shoe	Shoe
Skirt	Sìos
Sweater	Sweater

Colors
Dathan

Azure	Speur-Ghorm
Beige	Beige
Black	Dubh
Blue	Gorm
Brown	Donn
Cyan	: Saidhean
Fuchsia	Fuchsia
Green	Uaine
Grey	Glas
Magenta	Maidèanta Ann
Orange	Orains
Pink	Pink
Purple	Purpaidh
Red	Red
Sepia	Sepia
Violet	Violet
White	Geal
Yellow	Buidhe

Countries #1
Dùthchannan # 1

Brazil	Brazil
Canada	Canada
Egypt	Èiphit
Finland	Suomaidh
Germany	A 'Ghearmailt
Iraq	Iorac
Israel	Israel
Italy	An Eadailt
Latvia	Wiki
Libya	Libia
Mali	Màili
Morocco	Moroco
Nicaragua	Poblachd
Norway	Nirribhidh
Panama	Panama
Poland	A 'Pholainn
Romania	Romàinia
Senegal	Senagal
Spain	Spàinn
Vietnam	Bhietnam

Countries #2
Dùthchannan # 2

Albania	Albàinia
Denmark	An Danmhairc
Ethiopia	Na
Greece	A 'Ghrèig
Haiti	Haiti
Jamaica	Diameuga
Japan	Iapan
Kenya	Kenya
Laos	Làthos
Lebanon	Leabanon
Liberia	Libèir
Mexico	Mexico
Nepal	Neapàl
Nigeria	Nigèiria
Pakistan	Pacastan
Russia	An Ruis
Somalia	Somàilia
Sudan	Sudan
Syria	Yemen
Ukraine	Ugrain

Days and Months
Làithean Agus Mìosan

April	A 'Ghiblean
August	An Lùnastal
Calendar	Mìosachan
February	An Gearran
Friday	Dihaoine
July	An T-Iuchar
June	An T-Ògmhios
March	Am Màrt
Monday	Diluain
Month	Mìos
November	An T-Samhain
October	An Dàmhair
Saturday	Disathairne
September	An T-Sultain
Sunday	Didòmhnaich
Thursday	Diardaoin
Tuesday	Dimàirt
Wednesday	Diciadain
Week	Seachdain
Year	Bliadhna

Diplomacy
Dioplòmasaidh

Adviser	Comhairle
Ambassador	Tosgaire
Citizens	Shaoranaich
Civic	Catharra
Conflict	Còmhstri
Cooperation	Co-Obrachadh
Diplomatic	Is
Discussion	Urnaigh
Embassy	Embassy
Ethics	Beus-Eòlas
Foreign	Cèin
Government	Riaghladh
Humanitarian	Humanitarian
Integrity	Treibhdhireas
Justice	Ceart
Politics	Poilitigs
Resolution	Rannsachadh
Security	Dèanamh
Solution	Freagairt
Treaty	Còmhla

Disease
Galair

Abdominal	Abdominal
Allergies	Allergies
Bacterial	Bacterial
Body	Comhradh
Bones	Cnàmhan
Chronic	Chronic
Contagious	Gabhaltach
Genetic	Gineadach
Health	Slàinte
Heart	Cridhe
Hereditary	Bha
Immunity	Immunity
Inflammation	Inflammation
Lumbar	Lumbar
Neuropathy	Neuropathy
Pathogens	Pathogens
Respiratory	Freagairt
Syndrome	Syndrome
Therapy	Leigheas
Weak	Lag

Driving
A ' Dràibheadh

Accident	Tubaist
Brakes	Brakes
Car	Càr
Danger	Bho Chunnart
Driver	Driver
Fuel	Connadh
Garage	Garage
Gas	Gas
License	Cead
Map	Air a ' Mhapa
Motor	Co
Motorcycle	Motorcycle
Pedestrian	Pedestrian
Police	Police
Road	Rathad
Safety	Sàbhailteachd
Speed	Na Gaoithe
Traffic	Trafaig
Truck	Làraidh
Tunnel	Tunail

Energy
Cumhachd

Battery	Plastaig
Carbon	Carbon
Diesel	Diesel
Electric	Dealan
Electron	Electron
Engine	Einnsean
Entropy	Entropy
Environment	Àrainn
Fuel	Connadh
Gasoline	Gasoline
Heat	Teas
Hydrogen	Hydrogen
Industry	Gnìomhachas
Motor	Co
Nuclear	Niuclasach
Photon	Photon
Pollution	Truailleadh
Steam	Smùid
Turbine	Turbain
Wind	Urnuigh

Engineering
Innleadaireachd

Angle	Ceàrn
Calculation	Calculation
Construction	Togail
Depth	A Bhith A
Diagram	Diagram
Diameter	Trast-Thomhas
Diesel	Diesel
Distribution	Dùthchas
Energy	Lùth
Engine	Einnsean
Gears	Gears
Levers	Levers
Liquid	Liquid
Machine	Machine
Measurement	Measadh
Motor	Co
Propulsion	Moladh
Stability	Seasmhachd
Strength	Neart
Structure	Structar

Ethics
Beus-Eòlas

Altruism	Altruism
Compassion	Iomradh
Cooperation	Co-Obrachadh
Dignity	Urram
Diplomatic	Is
Honesty	Urnaigh
Humanity	Daoine
Individualism	Thuirt e Gun
Integrity	Treibhdhireas
Kindness	Kindness
Optimism	Optimism
Philosophy	Feallsanachd
Rationality	Riaghladh
Realism	Gluasadan
Reasonable	Reusanta
Respectful	Modhail
Values	Luachan
Wisdom	Wisdom

Family
Teaghlach

Ancestor	Ancestor
Aunt	Aunt
Brother	Brother
Child	Clann
Childhood	A H-Òige,
Cousin	Co-Ogha
Daughter	Nighean
Father	Athair
Grandchild	Grandchild
Grandfather	Seanair
Grandson	An T-Ogha,
Husband	Duine
Maternal	Maternal
Mother	Màthair
Nephew	Nephew
Niece	Cuimhne
Paternal	Paternal
Sister	Piuthar
Uncle	Uair
Wife	Bean

Farm #1
Tuathanas # 1

Agriculture	Àiteachas
Bee	Bee
Bison	Bison
Calf	Laogh
Cat	Cat
Chicken	Cearc
Cow	Cow
Crow	Crow
Dog	Cù
Donkey	Donkey
Fence	Feansa
Fertilizer	Fertiliser
Field	Achadh
Goat	Seo
Hay	Hay
Honey	Mil
Horse	Each
Rice	Rice
Seeds	Sìol
Water	Uisge

Farm #2
Tuathanas # 2

Animals	Ainmeachadh
Barley	Barley
Barn	An T-Sabhail
Corn	Coirce
Duck	Tunnag
Farmer	Farmer
Food	Bia
Fruit	Measan
Geese	Geòidh
Irrigation	Irrigation
Lamb	Litir
Llama	Llama
Meadow	Meadow
Milk	Bainne
Orchard	Orchard
Sheep	Duilleag
Tractor	Tractar
Vegetable	Glasraich
Wheat	Chruithneachd
Windmill	Windmill

Flowers
Flùraichean

Bouquet	Bouquet
Clover	Seamraig
Daisy	Daisy
Dandelion	Dandelion
Gardenia	Gardenia
Hibiscus	Hibiscus
Jasmine	Jasmine
Lavender	Laoidh
Lilac	Lilac
Lily	Lily
Magnolia	Magnolia
Orchid	Orchid
Peony	Peony
Petal	Petal
Plumeria	Plumeria
Poppy	Poppy
Sunflower	Sunflower
Tulip	Tulip

Food #1
Biadh # 1

Apricot	Apricot
Barley	Barley
Basil	Basil
Carrot	Curran
Cinnamon	Cinnamon
Juice	Juice
Lemon	Lemon
Milk	Bainne
Onion	Onion
Peanut	Peanut
Pear	Peuran
Salad	Buileann
Salt	Salann
Soup	Sùil
Spinach	Sliasaid
Strawberry	Strawberry
Sugar	Siùcair
Tofu	Tofu
Tuna	Tuna
Turnip	Turnip

Food #2
Biadh # 2

Apple	Apple
Artichoke	Artichoke
Banana	Banana
Broccoli	Broccoli
Celery	Celery
Cheese	Càise
Cherry	Cherry
Chicken	Cearc
Chocolate	Chocolate
Egg	Ugh
Eggplant	Eggplant
Fish	Iasg
Grape	Grape
Ham	Ham
Kiwi	Kiwi
Mushroom	Mushroom
Rice	Rice
Tomato	Tomato
Wheat	Chruithneachd
Yogurt	Yogurt

Fruit
Measan

Apple	Apple
Apricot	Apricot
Avocado	Avocado
Banana	Banana
Berry	Berry
Cherry	Cherry
Coconut	Coconut
Fig	Fig
Grape	Grape
Guava	Guava
Kiwi	Kiwi
Lemon	Lemon
Mango	Mango
Melon	Melon
Nectarine	Nectarine
Papaya	Papaya
Peach	Peach
Pear	Peuran
Pineapple	Pineapple
Raspberry	Raspberry

Furniture
Àirneis

Bed	Leabaidh
Bench	Fear
Bookcase	Rùm
Chair	Cathraiche
Comforters	Comhradh
Couch	Couch
Curtains	Curtains
Cushions	Cushions
Desk	Deasg
Dresser	Dresser
Futon	Futon
Hammock	Hammock
Lamp	Lampa
Mattress	Mattress
Mirror	Moladh
Pillow	Pillow
Rug	Brat
Shelves	Sgeilpichean

Garden
Garden

Bench	Fear
Bush	Bush
Fence	Feansa
Flower	Flùr
Garage	Garage
Garden	Garden
Grass	Gras
Hammock	Hammock
Hose	Oran
Lawn	Glasach
Orchard	Orchard
Pond	Lochan
Rake	Rake
Shovel	Sluasaid
Soil	Ùir
Terrace	Terrace
Trampoline	Trampoline
Tree	Tree
Vine	Vine
Weeds	Hawk'

Gardening
Gàirnealaireachd

Blossom	Blossom
Botanical	Botanical
Bouquet	Bouquet
Climate	Tìre
Compost	Compost
Container	Soitheach
Dirt	Mix
Exotic	Moladh
Floral	Floral
Foliage	Foliage
Hose	Oran
Leaf	Leaf
Moisture	Moist
Orchard	Orchard
Seasonal	Ràitheil
Seeds	Sìol
Soil	Ùir
Water	Uisge

Geography
Cruinn-Eòlas

Altitude	Altitude
Atlas	Atlas
City	City
Continent	A 'leantainn
Country	Dùthchas
Hemisphere	Hemisphere
Island	Eilean
Latitude	Domhan-Leud
Map	Air a ' Mhapa
Meridian	Meridian
Mountain	Moire
North	Tuath
Ocean	Ocean
Region	Region
River	Abhainn
Sea	Sea
South	Deas
Territory	Ri
West	Iar
World	T-Saoghail

Geology
Geòlas

Acid	Acid
Calcium	Calcium
Cavern	Cavern
Continent	A 'leantainn
Coral	Coral
Crystals	Crystals
Fossil	Fossil
Geyser	Geyser
Lava	Lava
Layer	Laoidh
Minerals	Mèinnirean
Molten	Molten
Plateau	Àrd-Chlàr A'
Quartz	Quartz
Salt	Salann
Stalactite	Stalactite
Stalagmites	Stalagmites
Stone	Caraid
Tilt	Tilt
Volcano	Volcano

Geometry
Geoimeatraidh

Angle	Ceàrn
Calculation	Calculation
Circle	Cearcall
Curve	Curve
Diameter	Trast-Thomhas
Dimension	Meud
Equation	Urnuigh
Height	Àirde
Horizontal	Còmhnard
Logic	Logic
Mass	Tomad
Median	Meadhanan
Number	Àireamh
Parallel	Parallel
Square	Ceann
Symmetry	Symmetry
Theory	Theòiridh
Triangle	Triantan
Vertical	Inghearach

Global Warming
Blàthachadh na Cruinne

Arctic	Artach
Attention	Aire
Climate	Tìre
Crisis	Èiginn
Data	Dàta
Development	Leasachadh
Energy	Lùth
Environmental	Àrainneachd
Future	Àm ri Teachd
Gas	Gas
Generations	Ginealaichean
Government	Riaghladh
Habitats	Laoidhean
Industry	Gnìomhachas
Legislation	Laoidh
Now	A-Nis
Populations	Daoine
Scientist	Scientist
Temperatures	Chan

Government
Riaghaltas

Citizenship	Saoranachd
Civil	Catharra
Constitution	Bun-Reachd
Democracy	Democracaidh
Discussion	Urnaigh
District	Sgìre
Equality	Urnuigh
Independence	Fiosrachadh
Justice	Ceart
Law	Lagh
Leader	Stiùiriche
Liberty	Saorsa
Nation	Dùthaich
National	Nàiseanta
Peaceful	Chultarail
Politics	Poilitigs
Rights	Ceartan
Speech	Òraid
State	State
Symbol	Samhla

Hair Types
Seòrsan Fuilt

Bald	Bald
Black	Dubh
Blond	Blar
Braided	Pleatach
Braids	Braid
Brown	Donn
Colored	Dathte
Curls	Curls
Curly	Curly
Gray	Glas
Healthy	Slàinte
Long	Fad
Shiny	Shiny
Short	Goirid
Smooth	Mìn
Soft	Soft
Thick	Tiugh
Thin	Thin
Wavy	Mfu
White	Geal

Health and Wellness #1
Slàinte Agus Wellness #1

Active	Gnìomhach
Bacteria	Bacteria
Bones	Cnàmhan
Clinic	Clionaig Ùr
Doctor	Doctor
Fracture	Fracture
Habit	Laoidh
Height	Àirde
Hormones	Hormones
Hunger	Acras
Injury	Leòn
Muscles	Muscles
Nerves	Nerves
Pharmacy	Pharmacy
Reflex	Reflex
Skin	Skin
Supplements	Solaran
Therapy	Leigheas
Treatment	Còmhradh
Virus	Virus

Health and Wellness #2
Slàinte Agus Wellness #2

Allergy	Allergy
Anatomy	Anatomy
Appetite	Appetite
Blood	Dubh
Calorie	Calorie
Dehydration	Dehydration
Diet	Daithead
Disease	Galair
Energy	Lùth
Genetics	Genetics
Healthy	Slàinte
Hospital	Ospidal
Hygiene	Hygiene
Infection	Infection
Massage	Massage
Nutrition	Beathachadh
Recovery	Recovery
Stress	Stress
Vitamin	Vitamin
Weight	Urnuigh

Herbalism
Luibh-Eòlas

Aromatic	Aromatic
Basil	Basil
Beneficial	Fear-Ciuil
Culinary	Culinary
Fennel	Fennel
Flavor	Flavor
Flower	Flùr
Garden	Garden
Green	Uaine
Ingredient	Ingredient
Lavender	Laoidh
Marjoram	Meacan-Dubh
Mint	Mint
Oregano	Oregano
Parsley	Parsley
Plant	Plant
Quality	Càileachd
Rosemary	Rosemary
Saffron	Saffron
Tarragon	Tarragon

Hiking
Coiseachd

Animals	Ainmeachadh
Boots	Boots
Camping	Campadh
Climate	Tìre
Guides	Iùil
Heavy	Heavy
Map	Air a ' Mhapa
Mountain	Mountain
Nature	Natur
Orientation	Comhair
Parks	Pàirt
Preparation	Ullachadh
Stones	Clachan
Summit	Cruinneachadh
Sun	Dido
Tired	Sgìth
Water	Uisge
Weather	Aimsir
Wild	Fiadhaich

House
House

Attic	Attic
Broom	Broom
Curtains	Curtains
Door	Doras
Fence	Feansa
Fireplace	Teallach
Floor	Làr
Furniture	Àirneis
Garage	Garage
Garden	Garden
Keys	Iuchraichean
Kitchen	A ' Chidsin
Lamp	Lampa
Library	Leabharlann
Mirror	Moladh
Roof	Mullach
Room	Seòmar
Shower	A-Mhàin
Wall	Balla
Window	Urnuigh

Human Body
Buidheann a ' Chinne-Dao

Ankle	Ankle
Blood	Dubh
Bones	Cnàmhan
Brain	Brain
Chin	Chin
Ear	Cluas
Elbow	Elbow
Face	Aodann
Hand	Làmh
Head	Ceann
Heart	Cridhe
Jaw	Jaw
Knee	Knee
Lips	Bilean
Mouth	Beul
Neck	Amhaich
Nose	Aois
Shoulder	Sgìth
Skin	Skin
Stomach	Stamag

Immigration
In-Imrich

Administration	Rianachd
Adults	Inbhich
Aid	Aid
Approval	Aonta
Borders	Crìochan
Children	Clann
Communication	Conaltradh
Deadline	Ceann-Latha
Funding	Maoin
Housing	Taigh
Language	Cànan
Law	Lagh
Negotiation	Neònachadh
Officer	Oifigear
Process	Pròiseas
Protection	Dìon
Situation	Suidheachadh
Solution	Freagairt
Stress	Stress

Insects
Meanbh-Bhiastagan

Aphid	Aphid
Bee	Bee
Beetle	Beetle
Butterfly	Dealan-Dè
Cicada	Cicada
Cockroach	Cockroach
Dragonfly	Dragonfly
Flea	Flea
Hornet	Hornet
Ladybug	Ladybug
Larva	Larva
Locust	Laoidh
Mantis	Mantis
Mosquito	Mosquito
Moth	Moth
Termite	Taigh
Wasp	Speach
Worm	Worm

Jazz
Jazz

Album	Clàr
Artist	Ealain
Composer	Comhradh
Concert	Concert
Drums	Drumaichean
Emphasis	Cuideam
Famous	Ainmeil
Favorites	Faighinn
Genre	Seòrsa
Improvisation	Leasachadh
Music	Ceòl
Musicians	Luchd-Ciùil
New	Ùr
Old	A Dh'Aois
Orchestra	Orchestra
Rhythm	Rhythm
Song	Òran
Style	Stoidhle
Talent	Tàlant
Technique	Technique

Job Skills
Sgilean Obrach

Adaptable	Adaptable
Attentive	Attentive
Authentic	Fìor
Charismatic	Charismatic
Communication	Conaltradh
Cooperative	Cooperative
Creative	Cruthachail
Dedicated	Dh'
Effective	Èifeachdach
Experienced	E
Friendly	Friendly
Independent	Urnuigh
Leadership	Ceannardas
Management	Riaghladh
Organized	Organised
Prepared	Ullachadh
Respectful	Modhail
Responsible	Freagrach

Kitchen
A ' Chidsin

Apron	Apron
Bowl	Bobhla
Chopsticks	Chopsticks
Cups	Copain
Food	Bia
Forks	Forks
Freezer	Freezer
Grill	Grill
Jar	Jar
Jug	Jug
Knives	Sgeinean
Napkin	Napkin
Oven	Àmhainn
Recipe	Recipe
Refrigerator	Carbad
Spices	Laoidhean
Sponge	Sponge
Spoons	Juice

Landscapes
Cruthan-Tìre

Beach	Beach
Cave	Uamh
Desert	Desert
Geyser	Geyser
Glacier	Glacier
Hill	Hill
Iceberg	Iceberg
Island	Eilean
Lake	Lake
Mountain	Mountain
Oasis	Oasis
Ocean	Ocean
Peninsula	Rubha
River	Abhainn
Sea	Sea
Swamp	Swamp
Tundra	Tundra
Valley	Valley
Volcano	Volcano
Waterfall	Waterfall

Literature
Litreachas

Analogy	Analogy
Analysis	Mion-Sgrùdadh
Anecdote	Anecdote
Author	Ùghdar
Comparison	Coimeas
Conclusion	Co-Dhùnadh
Description	Tuireadh
Dialogue	Dialogue
Fiction	Fiction
Metaphor	Metaphor
Narrator	Stèidh
Novel	Nobhail
Opinion	Beachd
Poem	Dàn
Poetic	Poetic
Rhyme	Rhyme
Rhythm	Rhythm
Style	Stoidhle
Theme	Thema
Tragedy	Traidseadaidh

Mammals
Mamailean

Bear	Bear
Beaver	Beaver
Bull	Bull
Cat	Cat
Coyote	Coyote
Dog	Cù
Dolphin	Dolphin
Elephant	Elephant
Fox	Fox
Giraffe	Sioraf
Gorilla	Gorilla
Horse	Each
Kangaroo	Kangaroo
Lion	Lion
Monkey	Monkey
Rabbit	Rabbit
Sheep	Duilleag
Whale	- Mhara
Wolf	Wolf
Zebra	Zebra

Measurements
Tomhais

Byte	Baidht
Centimeter	Ionad
Decimal	Decimal
Degree	Ceum
Depth	A Bhith A
Gram	Gram
Height	Àirde
Inch	Òirleach
Kilogram	Kilogram
Kilometer	Kilometer
Length	Faid
Liter	Litir
Mass	Tomad
Meter	Mheatair
Minute	Mionaid
Ounce	Ounce
Ton	Ton
Weight	Urnuigh
Width	Leud

Meditation
Meditation

Acceptance	Achdan
Attention	Aire
Awake	Awake
Breathing	Breathadh
Calm	Ciùin
Clarity	Soilleireachd
Compassion	Iomradh
Emotions	Emotions
Gratitude	Chùis
Kindness	Kindness
Mind	Mind
Movement	Gluasad
Music	Ceòl
Nature	Natur
Peace	Peace
Perspective	Sealladh
Silence	Sàmhchair
Teachings	Teagasg
Thoughts	Thoughts

Music
Music

Album	Clàr
Ballad	Ballad
Chorus	Chorus
Classical	Classical
Eclectic	Eclectic
Harmonic	Harmonic
Harmony	Harmony
Instrument	An T-Inneal
Lyrical	Lyrical
Melody	Fonn
Microphone	Microphone
Musical	Ciùil
Musician	Neach-Ciùil
Opera	Opera
Poetic	Poetic
Rhythm	Rhythm
Rhythmic	Rhythmic
Sing	Sing
Singer	Seinneadair
Vocal	Vocal

Musical Instruments
Ionnsramaidean Ciùil

Banjo	Banjo
Bassoon	Bassoon
Cello	Cello
Clarinet	Clarinet
Drum	Drum
Flute	Flùr
Gong	Gong
Guitar	Giotàr
Harp	Clàrsach
Mandolin	Mandolin
Marimba	Marimba
Oboe	Oboe
Percussion	Faraim
Piano	Piano
Saxophone	Sacsafon
Tambourine	Tambairin
Trombone	Trompan
Trumpet	Trumpet
Violin	Violin

Nature
Nàdar

Animals	Ainmeachadh
Arctic	Artach
Beauty	Àille
Bees	Bean
Clouds	Neòil
Desert	Desert
Dynamic	Beothail
Foliage	Foliage
Forest	Forest
Glacier	Glacier
Peaceful	Chultarail
River	Abhainn
Sanctuary	Sanctuary
Serene	Serene
Shelter	Fasgadh
Tropical	Tropaigeach
Vital	Deatamach
Wild	Fiadhaich

Numbers
Àireamhan

Decimal	Decimal
Eight	Ochd
Eighteen	Eighteen
Fifteen	Deug An
Five	Còig
Four	Ceithir
Fourteen	Ceithir-Deug
Nine	Naoi
Nineteen	Naoi-Deug
One	Aon
Seven	Seachd
Seventeen	Seachd-Deug
Six	Sia
Sixteen	Sixteen
Ten	Deich
Thirteen	Trì-Deug
Three	Trì
Twelve	Dhà-Dheug
Twenty	Fichead
Two	Dà

Nutrition
Beathachadh

Appetite	Appetite
Bitter	Bitter
Calories	Calories
Carbohydrates	Carbohydrates
Cereals	Ceistean
Choices	Roghainn
Diet	Daithead
Digestion	Digestion
Fermentation	Fermentation
Flavor	Flavor
Health	Slàinte
Liquids	Liquids
Nutrient	Nutrient
Proteins	Proteins
Quality	Càileachd
Sauce	Sauce
Spices	Laoidhean
Toxin	Toxin
Vitamin	Vitamin
Weight	Urnuigh

Ocean
Ocean

Algae	Algae
Coral	Coral
Crab	Crab
Dolphin	Dolphin
Eel	Easgann
Fish	Iasg
Jellyfish	Jellyfish
Octopus	Octopus
Oyster	Oyster
Reef	Jersey
Salt	Salann
Seaweed	Feamainn
Shark	Shark
Shrimp	Seanmhair
Sponge	Sponge
Storm	Storm
Tides	Tides
Tuna	Tuna
Turtle	Turtle
Whale	- Mhara

Philanthropy
Philanthropy

Challenges	Dùbhalan
Charity	Caraid
Children	Clann
Contacts	Fios Thugainn
Finance	Ionmhas
Funds	Maoin
Generosity	Generosity
Global	Cruinne
Goals	Spriocan
Groups	Buidhnean
History	Eachdraidh
Honesty	Urnaigh
Humanity	Daoine
Mission	E
Need	Feum
Programs	Prògraman
Public	Poblach
Youth	Oran

Photography
Photography

Black	Dubh
Camera	Camara
Color	Dath
Composition	Comhradh
Contrast	Cunnart
Darkness	Darkness
Definition	Mìneachadh
Exhibition	Taisbeanadh
Format	Foirm
Frame	Frèam
Lighting	Solas
Object	Nì
Perspective	Sealladh
Portrait	Dealbh
Shadows	Shadows
Subject	Urnuigh
Texture	Texture
Visual	Lèirsinn

Physics
Fiosaigeachd

Acceleration	Urnuigh
Atom	Atom
Chaos	Leughadh
Chemical	Chemical
Density	Dleasnas
Electron	Electron
Engine	Einnsean
Expansion	Moladh
Experiment	E
Formula	Diabhal
Frequency	Frequency
Gas	Gas
Magnetism	Magnetism
Mass	Tomad
Mechanics	Mechanics
Molecule	Molecule
Nuclear	Niuclasach
Particle	Fad
Relativity	Laoidh
Speed	Na Gaoithe

Plants
Lusan

Bamboo	Bambù
Bean	Bean
Berry	Berry
Botany	Botany
Bush	Bush
Cactus	Cactus
Fertilizer	Fertiliser
Flora	Flòraidh
Flower	Flùr
Foliage	Foliage
Forest	Forest
Garden	Garden
Grass	Gras
Ivy	Ivy
Moss	Moss
Petal	Petal
Root	Root
Stem	Stad
Tree	Tree
Vegetation	Laoidh

Professions #1
Professions #1

Ambassador	Tosgaire
Astronomer	Astronomer
Attorney	Attorney
Banker	Banker
Cartographer	Cartographer
Coach	Coidse
Dancer	Dancer
Doctor	Doctor
Editor	Deasaiche
Geologist	Geologist
Hunter	Urnuigh
Jeweler	Jeweler
Musician	Neach-Ciùil
Nurse	Nurse
Pianist	Neach-Piàna
Plumber	Plumber
Psychologist	Psychologist
Sailor	Sailor
Tailor	Tailor
Veterinarian	Veterinarian

Professions #2
Professions #2

Astronaut	Prìomh
Biologist	Biologist
Chemist	Ceimigear
Dentist	Fhiaclair
Detective	Detective
Engineer	S
Farmer	Farmer
Gardener	Gardener
Illustrator	Neach-Deilbh
Inventor	Inventor
Journalist	Urnuigh
Linguist	Linguist
Painter	Peantair
Philosopher	B ' E
Physician	Physician
Pilot	Pìleat
Researcher	Rannsachadh
Surgeon	Surgeon
Teacher	Teagasg
Zoologist	Zoologist

Psychology
Eòlas-Inntinn

Assessment	Measadh
Behavior	Giùlan
Childhood	A H-Òige,
Clinical	Clinical
Cognition	Cognition
Conflict	Còmhstri
Dreams	Dreams
Ego	Ego
Emotions	Emotions
Ideas	Beachdan
Memories	Cuimhneachain
Perception	Ceann
Personality	Pearsa
Problem	Duilgheadas
Reality	Fiosrachadh
Sensation	Sensation
Subconscious	Subconscious
Therapy	Leigheas
Thoughts	Thoughts

Restaurant #2
Taigh-Bìdh # 2

Beverage	Deoch
Cake	Cèic
Chair	Cathraiche
Delicious	Blasta
Dinner	An Dìnnear
Eggs	Uighean
Fish	Iasg
Fork	Gobhal
Fruit	Measan
Ice	Deigh
Lunch	Lòn
Noodles	Noodles
Salad	Buileann
Salt	Salann
Soup	Sùil
Spices	Laoidhean
Spoon	Spoon
Vegetables	Ghlasraich
Waiter	Waiter
Water	Uisge

Science
Saidheans

Atom	Atom
Chemical	Chemical
Climate	Tìre
Data	Dàta
Evolution	Evolution
Experiment	E
Fact	S
Fossil	Fossil
Gravity	Gravity
Hypothesis	Hypothesis
Laboratory	Latha
Method	Modh
Minerals	Mèinnirean
Molecules	Molecules
Nature	Natur
Observation	Sealladh
Particles	Com-Pàirtean
Physics	Fisic
Plants	Lusan
Scientist	Scientist

Science Fiction
Ficsean-Saidheans

Atomic	Atomic
Books	Leabhraichean
Chemicals	Ceimicean
Cinema	Cinema
Dystopia	Dystopia
Explosion	Spreadhadh
Extreme	Àirde
Fantastic	Sgoinneil
Fire	Teine
Futuristic	Futuristic
Galaxy	Galaxy
Illusion	Illusion
Imaginary	Imaginary
Mysterious	Mysterious
Oracle	Oracle
Planet	Planet
Robots	Robots
Technology	Teicneòlas
Utopia	Utopia
World	T-Saoghail

Scientific Disciplines
Smachdan Saidheansail

Anatomy	Anatomy
Archaeology	Arc-Eòlas
Astronomy	Astronomy
Biochemistry	Biochemistry
Biology	Bioleachd
Botany	Botany
Chemistry	Noun
Ecology	Ecology
Geology	Geòlas
Immunology	Immunology
Kinesiology	Kinesiology
Linguistics	Cànanachas
Mechanics	Mechanics
Meteorology	Air Nach bi I
Mineralogy	Mineralogy
Neurology	Neurology
Physiology	Physiology
Psychology	Psychology
Sociology	Chaidh
Zoology	Contributions

Shapes
Cumaidhean

Arc	Arc
Circle	Cearcall
Cone	Cone
Corner	Oisean
Cube	Cube
Curve	Curve
Cylinder	Siolandair
Edges	Iomallan
Ellipse	Ellipse
Hyperbola	Hyperbola
Line	Line
Oval	Oval
Polygon	Polygon
Prism	Prism
Pyramid	Pyramid
Side	Taobh
Square	Ceann
Triangle	Triantan

Spices
Spìosraidhean

Anise	Anise
Bitter	Bitter
Cardamom	Cardamom
Cinnamon	Cinnamon
Clove	Clove
Coriander	Coriander
Cumin	Cumin
Curry	Curry
Fennel	Fennel
Fenugreek	Fenugreek
Flavor	Flavor
Ginger	Ginger
Licorice	Licorice
Nutmeg	Nutmeg
Onion	Onion
Paprika	Paprika
Saffron	Saffron
Salt	Salann
Sweet	Sweet
Vanilla	Vanilla

Sport
Spòrs

Ability	Comas
Athlete	Athlete
Body	Comhradh
Bones	Cnàmhan
Coach	Coidse
Cycling	Riochd
Dancing	Dannsa
Diet	Daithead
Goal	Amas
Health	Slàinte
Jogging	Jogging
Maximize	Maximise
Metabolic	Metabolic
Muscles	Muscles
Nutrition	Beathachadh
Program	Prògram
Sports	Spòrs
Strength	Neart

Sports
Spòrs

Athlete	Athlete
Baseball	Baseball
Basketball	Thathar
Bicycle	Rothair
Championship	Championship
Coach	Coidse
Game	Geama
Golf	Goilf
Gymnasium	Gymnasium
Gymnastics	Gymnastics
Hockey	Hocaidh
Movement	Gluasad
Player	Player
Referee	Rèitear
Stadium	Dheireadh
Team	Sgioba
Tennis	Teanas
Winner	Taghaidh

Technology
Teicneòlas

Blog	Blog
Browser	Bhrabhsair
Bytes	Bytes
Camera	Camara
Computer	Rannsachadh
Cursor	Cursor
Data	Dàta
Digital	Didseatach
File	Faidhle
Font	Cruth-Clò
Internet	Eadar-Lìon
Message	Fear-Tathaich
Screen	Sgrìn
Security	Dèanamh
Software	Bathar-Bog
Statistics	Statistics
Virtual	Mas-Fhìor
Virus	Virus

The Company
A 'Chompanaidh

Business	Bònas
Creative	Cruthachail
Decision	Co-Dhùnadh
Employment	Cosnadh
Global	Cruinne
Industry	Gnìomhachas
Innovative	Ùr-Ghnàthach
Investment	Tasgadh
Possibility	Gabhadh
Presentation	Taisbeanadh
Product	Product
Professional	Proifeiseanta
Progress	Adhartas
Quality	Càileachd
Reputation	Cliù
Resources	Goireasan
Revenue	Ionmhas
Risks	Cunnartan
Units	Aonaid
Wages	Tuarastalan

The Media
Na Meadhanan

Attitudes	Beachdan
Commercial	Comunn
Communication	Conaltradh
Digital	Didseatach
Edition	Deasachadh
Education	Foghlam
Facts	Fiosrachadh
Funding	Maoin
Individual	Aonair
Industry	Gnìomhachas
Intellectual	Inntleachdail
Local	Ionadail
Magazines	Irisean
Network	Lìonra
Online	Air-Loidhne
Opinion	Beachd
Photos	Dealbhan
Public	Poblach
Radio	Radio
Television	Telebhisean

Time
Uair

Annual	Bliadhnail
Before	Mus
Calendar	Mìosachan
Century	Linn
Clock	Cloc
Day	Latha
Decade	Deichead
Early	Tràth
Future	Àm ri Teachd
Hour	Uair
Minute	Mionaid
Month	Mìos
Morning	Madainn
Night	Oidhche
Noon	Chan Eil
Now	A-Nis
Soon	Urnaigh
Today	An-Diugh
Week	Seachdain
Year	Bliadhna

Town
Am Baile

Airport	Airport
Bakery	Taigh-Fuine
Bank	Ban
Bookstore	Bookstore
Cinema	Cinema
Clinic	Clionaig Ùr
Florist	Florist
Gallery	Gàrradh
Hotel	Taigh-Òsta
Library	Leabharlann
Market	Market
Pharmacy	Pharmacy
School	Sgoil
Stadium	Dheireadh
Store	Stòr
Supermarket	Mòr-Bhùth
Theater	Theatr
University	Urnuigh
Zoo	Sù

Universe
Cruinne-Cè

Asteroid	Asteroid
Astronomer	Astronomer
Astronomy	Astronomy
Atmosphere	An Àrd-Bhaile
Celestial	Celestial
Cosmic	Cosmic
Darkness	Darkness
Eon	Eon
Galaxy	Galaxy
Hemisphere	Hemisphere
Horizon	Ma
Latitude	Domhan-Leud
Moon	Moon
Orbit	Reul-Chuairt
Sky	Sky
Solar	Panalan
Solstice	Solstice
Telescope	Le
Visible	A Shealltainn
Zodiac	Zodiac

Vacation #2
Làithean-Saora # 2

Airport	Airport
Beach	Beach
Camping	Campadh
Destination	Cheann-Uidhe
Foreign	Cèin
Foreigner	Foreigner
Holiday	Laoidh
Hotel	Taigh-Òsta
Island	Eilean
Journey	Turas
Leisure	Cur-Seachadan
Map	Air a ' Mhapa
Passport	Passport
Reservations	Molaidhean
Sea	Sea
Taxi	Tacsaidh
Tent	Tent
Train	Trèan
Transportation	Còmhdhail
Visa	Visa

Vegetables
Ghlasraich

Artichoke	Artichoke
Broccoli	Broccoli
Carrot	Curran
Cauliflower	Cauliflower
Celery	Celery
Cucumber	Cucumber
Eggplant	Eggplant
Ginger	Ginger
Mushroom	Mushroom
Olive	Olive
Onion	Onion
Parsley	Parsley
Pea	Pea
Pumpkin	Pumpkin
Radish	Radish
Salad	Buileann
Shallot	Shallot
Spinach	Sliasaid
Tomato	Tomato
Turnip	Turnip

Vehicles
Carbadan

Airplane	Adhbrann
Bicycle	Rothair
Boat	Bàta
Bus	Bus
Car	Càr
Caravan	Caravan
Engine	Einnsean
Ferry	Ferry
Helicopter	Heileacoptair
Motor	Co
Raft	Raft
Rocket	Rocaid
Scooter	Scooter
Shuttle	Shuttle
Submarine	Submarine
Subway	Subway
Taxi	Tacsaidh
Tires	Tires
Tractor	Tractar
Truck	Làraidh

Weather
Aimsir

Atmosphere	An Àrd-Bhaile
Calm	Ciùin
Climate	Tìre
Cloud	Cloud
Cloudy	Geàrr
Drought	Drought
Flood	Tuil
Humid	Mild
Hurricane	Marbh
Ice	Deigh
Lightning	Laoidh
Monsoon	Monsoon
Polar	Polar
Rainbow	Bogha-Frois
Sky	Sky
Storm	Storm
Temperature	Teòthachd
Tornado	Iomghaoth
Tropical	Tropaigeach
Wind	Urnuigh

Congratulations

You made it!

We hope you enjoyed this book as much as we enjoyed making it. We do our best to make high quality games.
These puzzles are designed in a clever way for you to learn actively while having fun!

Did you love them?

A Simple Request

Our books exist thanks your reviews. Could you help us by leaving one now?

Here is a short link which will take you to your order review page:

BestBooksActivity.com/Review50

MONSTER CHALLENGE!

Challenge #1

Ready for Your Bonus Game? We use them all the time but they are not so easy to find. Here are **Synonyms**!

Note 5 words you discovered in each of the Puzzles noted below (#21, #36, #76) and try to find 2 synonyms for each word.

*Note 5 Words from **Puzzle 21***

Words	Synonym 1	Synonym 2

*Note 5 Words from **Puzzle 36***

Words	Synonym 1	Synonym 2

*Note 5 Words from **Puzzle 76***

Words	Synonym 1	Synonym 2

Challenge #2

Now that you are warmed-up, note 5 words you discovered in each Puzzle noted below (#9, #17, #25) and try to find 2 antonyms for each word. How many lines can you do in 20 minutes?

Note 5 Words from **Puzzle 9**

Words	Antonym 1	Antonym 2

Note 5 Words from **Puzzle 17**

Words	Antonym 1	Antonym 2

Note 5 Words from **Puzzle 25**

Words	Antonym 1	Antonym 2

Challenge #3

Wonderful, this monster challenge is nothing to you!

Ready for the last one? Choose your 10 favorite words discovered in any of the Puzzles and note them below.

1.	6.
2.	7.
3.	8.
4.	9.
5.	10.

Now, using these words and within a maximum of six sentences, your challenge is to compose a text about a person, animal or place that you love!

Tip: You can use the last blank page of this book as a draft!

Your Writing:

Explore a Unique Store Set Up **FOR YOU!**

BestActivityBooks.com/TheStore

Designed for Entertainment!

Light Up Your Brain With Unique **Gift Ideas**.

Access **Surprising** And **Essential Supplies!**

CHECK OUT OUR MONTHLY SELECTION NOW!

- **Expertly Crafted Products** -

NOTEBOOK:

SEE YOU SOON!

Linguas Classics Team